习近平新时代中国特色社会主义思想研究工程
马克思主义理论一级学科建设工程
重点马克思主义学院建设工程
云南民族大学一流马克思主义学院建设工程资助项目

新媒体时代
大学生思想教育工作研究

周琴芳 晏妮 著

·北京·

图书在版编目（CIP）数据

新媒体时代大学生思想教育工作研究 / 周琴芳，晏妮著. —北京：中国经济出版社，2024.4
ISBN 978-7-5136-7224-5

Ⅰ. ①新… Ⅱ. ①周… ②晏… Ⅲ. ①大学生–思想政治教育–研究–中国 Ⅳ. ① G641

中国国家版本馆 CIP 数据核字（2023）第 021414 号

责任编辑　冀　意
责任印制　马小宾
封面设计　任燕飞

出版发行	中国经济出版社
印 刷 者	北京鑫益晖印刷有限公司
经 销 者	各地新华书店
开　　本	710mm×1000mm　1/16
印　　张	12.75
字　　数	200 千字
版　　次	2024 年 4 月第 1 版
印　　次	2024 年 4 月第 1 次
定　　价	88.00 元

广告经营许可证　京西工商广字第 8179 号

中国经济出版社 网址 www.economyph.com 社址 北京市东城区安定门外大街 58 号 邮编 100011
本版图书如存在印装质量问题，请与本社销售中心联系调换（联系电话：010-57512564）

版权所有　盗版必究（举报电话：010-57512600）
国家版权局反盗版举报中心（举报电话：12390）　　服务热线：010-57512564

目 录

绪 论 / 001

一、问题提出与研究意义 / 002

二、国内外研究现状 / 007

三、研究的思路与设计 / 016

四、创新之处 / 018

五、不足之处 / 018

第一章 新媒体时代大学生思想教育概述 / 019

第一节 新媒体的概念、特征与类型 / 021

一、新媒体概念的界定 / 021

二、新媒体的主要特征 / 023

三、新媒体的主要类型 / 026

第二节 网络传播的定义和发展 / 030

一、网络传播的定义 / 030

二、网络传播的特点 / 033

三、网络传播的主要功能 / 037

第三节　新媒体时代大学生思想教育工作的内涵 / 041

　　一、思想教育的概念 / 041

　　二、大学生思想教育的内涵 / 043

　　三、对新媒体时代大学生思想教育的具体要求 / 043

第二章　新媒体时代大学生思想教育工作的机遇 / 047

第一节　新媒体为大学生思想教育工作提供了广阔的建设空间 / 050

　　一、新媒体为大学生思想教育工作提供了新途径 / 050

　　二、受众生活方式的变迁 / 054

第二节　新媒体发展为网络传播环境带来的机遇 / 059

　　一、新媒体打破了传统网络传播格局 / 059

　　二、新媒体改变了传统网络传播生态 / 061

　　三、新媒体为网络营销提供更多的可能性 / 062

第三节　新媒体的发展为高校思想教育工作提供了新的思路 / 063

　　一、新媒体教学方式走进课堂 / 067

　　二、对高校思想教育工作的改变 / 072

　　三、新媒体为思想教育工作提供新的平台 / 077

第三章　新媒体时代大学生思想教育工作面临的挑战 / 091

第一节　我国思想教育工作在互联网络中的建构现状 / 094

　　一、搭建新媒体立体互动平台 / 094

　　二、搭建新媒体全方位安全管理体系 / 098

第二节　新媒体发展给网络传播环境带来的挑战 / 101

　　一、新媒体对传统网络传播受众的分化与颠覆 / 101

　　二、新媒体与传统网络媒体的碰撞和融合 / 109

　　三、新媒体对传统网络传播主体的冲击和强化 / 113

第三节 新媒体时代大学生思想教育面临的挑战 / 116

　　一、多元社会思潮通过新媒体影响大学生思想教育 / 117

　　二、大学生思想教育的领导权、管理权和话语权受到挑战 / 118

　　三、新媒体对大学生思想教育原有的体制、机制和整体效果提出了挑战 / 122

　　四、大学生受到新媒体的影响 / 130

　　五、新媒体的发展对教育工作者队伍的综合素质提出了新的要求 / 140

第四章　新媒体时代加强大学生思想教育工作的措施 / 145

第一节　加强大学生的理想信念教育 / 147

　　一、以习近平新时代中国特色社会主义思想为指导 / 147

　　二、加强社会主义理想信念教育 / 150

　　三、正确对待各种非马克思主义社会思潮 / 152

第二节　培养新媒体时代下网络传播与大学生思想教育工作的良性互动 / 157

　　一、把握正确舆论导向，营造良好的思想教育工作氛围 / 158

　　二、调整思想教育工作的方法，积极拥抱新媒体 / 159

　　三、培养具有专业素养的思想教育工作者 / 160

　　四、科学制定高校思想教育工作的目标 / 162

　　五、思想教育工作要坚持以人为本 / 163

第三节　加强大学生网络素质教育 / 167

　　一、培养正确的网络意识，正确地使用网络 / 167

　　二、加强大学生网络道德教育 / 168

　　三、加强网络技能运用的培养 / 169

第四节　营造和谐的网络文化环境 / 170

　　一、创造良好的校园网络文化 / 170

二、加大校园网络监管力度 / 171
三、加快网络法律法规的制定与完善 / 172

第五节　加强高校舆论引导能力 / 174
一、提高传统媒体的舆情引导能力 / 174
二、探索突发事件的应对策略 / 177
三、注重利用网络媒介宣传先进文化与思想 / 179

第六节　大学生应加强自我教育 / 181
一、加强对思想政治教育公共课的学习 / 182
二、注重思想教育工作方面的实践 / 183
三、树立良好的心态 / 184

结　论 / 187

参考文献 / 189

索　引 / 194

后　记 / 196

绪 论

作为上层建筑的意识形态，是每个国家、民族和社会赖以生存与发展的精神支撑，是实现国家利益的重要手段，也是维护国家安全的重要屏障。思想安全及相关工作是思想教育工作的核心内容，历来是我们党和政府关注的重要问题。党的十九大报告指出："意识形态决定文化前进方向和发展道路。必须推进马克思主义中国化、时代化、大众化，建设具有强大凝聚力和引领力的社会主义意识形态，使全体人民在理想信念、价值理念、道德观念上紧紧团结在一起。"[①] 大学生是祖国的未来，民族的希望，"青年兴则国家兴，青年强则国家强"。[②] 因此，大学生的思想教育工作更是重中之重，随着新时代的到来和新媒体的迅速发展，大学生的思想教育工作迎来了前所未有的机遇，但同时也面临着非常严峻的挑战。

当前，随着新媒体的快速发展，人们的社会生活发生了翻天覆地的变化。对于网络传播领域而言，互联网的发展更是激起了"革命化"的浪潮。互联网与网络传播媒介的全面对接，使得网络传播领域发生了质的变化，一个以信息技术为核心的崭新时代——"网络传播"时代随之

[①] 习近平.决胜全面建成小康社会 夺取新时代中国特色社会主义伟大胜利[M].北京：人民出版社，2017：41.

[②] 刘东浩.中国社会现代化进程中意识形态安全研究[D].南昌：南昌大学，2014：3.

到来。大学生正处于人生黄金阶段，具备了一定的知识储备，对新生事物充满好奇，他们虽个性独立、思想前卫，但缺乏实践经验、易盲目冲动，世界观、人生观、价值观尚未完全形成。西方国家分化势力基于大学生的这些特点，充分利用互联网传播速度快、覆盖面广的特点，大肆传播其价值观念及思想意识。大学生在面对眼花缭乱的多元思潮时，难以清晰地进行甄别。高校作为人才培养中心，一直是西方意识形态竞相渗透争夺的阵地，而互联网的迅猛发展使多元思潮更加泛滥，它们持续冲击着大学生原有的思想意识和信仰，甚至误导部分大学生对我国的主流思想产生了一些质疑。因此，加强大学生思想教育工作建设是一项极其重要的战略任务。在思想领域坚持马克思主义指导地位，筑牢中华民族团结奋斗的思想信念基础，有利于大学生的全面发展，也有利于党和国家培养可靠的社会主义建设者和接班人。

一、问题提出与研究意义

（一）问题提出

思想教育工作一直是非常重要的一项政治任务，马克思指出："如果从观念上来考察，那么一定的意识形态的解体足以使整个时代覆灭。"[①]习近平总书记在全国宣传思想工作会议和党的十八届三中全会等会议上多次强调了思想工作的重要地位："经济建设是党的中心工作，意识形态工作是党的一项极端重要的工作。"[②]"面对改革发展稳定复杂局面和社会思想意识多元多样、媒体格局深刻变化，在集中精力进行经济建设的同时，一刻也不能放松和削弱意识形态工作，必须把意识形态工作的领导权、管理权、话语权牢牢掌握在手中，任何时候都不能旁落，否则就要

---

① 马克思，恩格斯.马克思恩格斯文集：第8卷[M].北京：人民出版社，2009：170.
② 习近平.习近平谈治国理政[M].北京：外文出版社，2014：153.

犯无可挽回的历史性错误。"①党的十九大报告提到:"意识形态决定文化前进方向和发展道路。要加强理论武装,推动新时代中国特色社会主义思想深入人心。"②思想教育工作将对世界各国发挥不可替代的作用。改革开放40多年成果的直接受益者是在我国不断成长起来的"90后"和"00后"大学生,大学生是我国实现中华民族伟大复兴目标的希望。这些大学生正处于树立正确的世界观、人生观、价值观的关键时期。对于大学生来说,这一时期是其正确认识马克思主义思想、确立共产主义理想信念极其重要的时期。大学生思维活跃,相比其他社会成员更容易受到外界各种不确定因素的影响。因此,新时代高校教育工作者要做好创新思想教育工作,坚守马克思主义在意识形态领域的指导地位,并在深度和广度上不断地深化其指导意义,有效地调节各种社会思潮与主流思想的关系,促使大学生思想教育工作的方式和方法更加行之有效,使高等院校在思想教育工作中的作用得到全面发挥。

近20年来,我国新媒体伴随着互联网的发展也快速发展起来。中国互联网络信息中心(CNNIC)于2023年8月28日在北京发布的第52次《中国互联网络发展状况统计报告》显示,截至2023年6月,我国网民规模为10.79亿人,较2022年12月增长1109万人,互联网普及率达76.4%。

在新兴技术方面,5G技术、云计算、大数据等在政府政策的支持下得以迅速发展。新媒体在短短的十几年间飞速发展且不断创新,给人们的生活方式带来了巨大变化。短信和电话曾是20世纪90年代2G网络的主要表现形式,虽然功能比较单一,但为人们架起了沟通的桥梁。随着宽带加入、网速不断提升、手机变革和技术的不断向前推进,人们可以用微信、微博等了解世界。现如今,5G网络时代的到来,越来越方便

---

① 习近平.习近平谈治国理政[M].北京:外文出版社,2014:90.
② 习近平.决胜全面建成小康社会 夺取新时代中国特色社会主义伟大胜利[M].北京:人民出版社,2017:41.

人们通过新媒体分享自己的喜怒哀乐。

当今社会，新媒体已逐渐深入人们的日常生活，使人们的生活、人际交往甚至思维方式受到潜移默化的影响而逐渐发生改变，在新数字时代社会中，每个人都是平等对话的公民。新媒体已经成为现代人们用来交流、传播和获取信息的重要工具，尤其是大学生，他们正在不知不觉地接收新媒体释放的能量，使新媒体的影响面逐步扩大。由于大学生已习惯在网上发声，新媒体成为大学生表达心声和利益诉求的重要场所，所以网络传播对大学生行为和习惯的影响是不容小觑的。互联网在日益成为网络传播放大器的同时，也成为西方意识形态渗透的重要工具。新媒体的发展一方面增加了高校对大学生进行思想教育和价值引导的难度，另一方面消解了大学生对西方意识形态渗透的抵御强度。我们应该看到，大学生既是高校网络传播的生成对象，也是高校网络传播的影响对象。伴随着校园网络的全面覆盖，高校网络传播越来越受到人们的重视，新媒体已逐渐成为高校对大学生进行思想教育工作的主要阵地和新型载体，大学生思想教育工作面临着严峻挑战。

"中国特色社会主义进入新时代，我国社会主要矛盾已经转化为人民日益增长的美好生活需要和不平衡不充分的发展之间的矛盾。"[①]2018年作为全面贯彻党的十九大精神的开局之年，是改革开放40周年，也是决胜全面建成小康社会、实施"十三五"规划承上启下的关键一年。进入新时代，我国大学生思想教育工作得以持续开展，新媒体在其过程中得到有效运用，不断推动我国高校未来的发展。

---

① 习近平.决胜全面建成小康社会　夺取新时代中国特色社会主义伟大胜利［M］.北京：人民出版社，2017：11.

（二）研究意义

1. 理论意义

（1）为大学生抵制西方的"分化"和"西化"等意识形态渗透提供理论支撑。作为国家安全的重要构成部分，大学生的思想教育工作同祖国的前途和命运息息相关。大学生是推动社会发展和国家富强，保证我国思想领域安全的一支重要力量。因此，新媒体时代要以网络传播为背景，梳理总体国家安全观和思想教育工作等相关概念，分析现状及存在的问题，总结经验，提出对策，从而避免大学生价值观发生错位，规范大学生的思想行为，提升大学生的政治素养，引导大学生树立坚定的共产主义信念，坚持马克思主义的主流思想。因此，本书对于帮助大学生抵御西方意识形态渗透，维护国家安全和社会稳定具有深远意义。

（2）为大学生思想教育工作的研究添砖加瓦。国内学术界关于思想教育工作的研究较多，尤其是关于思想教育工作内涵、特征、作用和路径的研究已经形成了一定的理论体系。但是笔者通过认真查阅、检索相关资料得知，我国以"网络传播"为视角研究高校思想教育工作的文献还比较少。因而，笔者以"网络传播"背景为切入点，通过深入分析新媒体时代对我国主流思想产生冲击的一些社会思潮的传播特点和对大学生的影响，网络传播、大学生思想教育工作等的概念界定、时代特征，剖析在网络传播背景下大学生思想教育工作面临的机遇与挑战、存在的问题与影响，以马克思主义理论、毛泽东思想和中国特色社会主义理论体系指导大学生正确分析、甄别西方的各类思想观念，清除民主社会主义、历史虚无主义和极端民族主义等各种错误思潮对大学生思想的干扰；帮助大学生树立正确的"三观"，坚持马克思主义思想的指导地位，坚定中国特色社会主义的信念，深化并拓展新媒体时代高校思想教育工作的理论诠释、方略对策的可行性探寻等，力争为我国高校思想教育工作的研究提供有效的参考。

（3）为大学生思想教育的发展提供理论支持。大学生的理想信念教育是高校思想政治教育的主题，因此，高校的思想政治教育不仅是思想理论教育的体现，更是帮助大学生树立正确"三观"的实践活动。在全球思想文化碰撞日益激烈、多元文化交融交锋的背景下，不稳定因素不断增加，我国高校仍然是西方敌对势力影响大学生思想的主要阵地。思想教育工作是在主流意识形态的指导下进行的思想观念、政治观点和道德规范的教育，是以传播和践行为主要内容、以人的全面发展为价值追求的实践活动。因此，思想政治的学科建设需要在大学生思想教育工作的研究中得到丰富。

2. 现实意义

（1）为维护高校思想教育工作、指导高校加强思想教育工作提供有效的对策参考。西方敌对势力的"和平演变"手段对我国思想领域的威胁仍然存在，他们重点对青年大学生价值观和意识形态进行渗透与影响，而新媒体则被他们作为意识形态渗透的重要工具。因此，在新媒体时代网络传播背景下进行大学生的思想教育工作，抵御西方各种各样的意识形态渗透和影响，对维护我国思想教育工作起着根本的保障作用。本书的研究有利于我国高校在新媒体时代有效应对来自各个领域的国际挑战，增强忧患意识和必胜的信心，也有利于维护新媒体时代意识形态领域的阵地。

（2）有利于高校开展各项思想教育工作。中共中央、国务院印发的意见指出："各级党委和政府要全面领悟改善大学生思想政治教育的深刻意义，切实加强领导。"[1] 随着新媒体时代网络舆情快速传播，多元社会思潮及五花八门的"主义"充斥着大学生的头脑，使大学生在信息选择、

---

[1] 中共中央 国务院.关于进一步加强和改进大学生思想政治教育的意见［R/OL］.［2004-10-25］.http://www.moe.edu.cn/s78/A12/szs_lef/moe_1407/moe_1408/tnull_20566.html.

价值取向等方面趋向多元化。因此，完善高校的思想政治教育，加强大学生思想安全教育，能够丰富高校思想教育工作的内容，革新高校思想教育工作方法，确保新时代中国特色社会主义法律体系在大学生意识形态领域的核心地位，使新时代大学生思想教育工作成为高校思想政治教育的应有之义。

（3）有助于构建和谐稳定的校园文化。"高校向来是五花八门的学术观点、思想观念相互交融、争斗的阵地。"[1]某些占有阶段性网络传播优势的西方国家，一直都没有放弃对我国大学生意识形态领域的渗透工作，企图利用功利主义和新自由主义等思潮对我国大学生进行"西化"和"分化"，诱导我国大学生轻视甚至敌视社会主义的意识形态，甚至故意扰乱我国高校的教育教学秩序，进而冲击我们的社会体系。因此，本书致力于提高我国大学生在思想领域辨别是非的能力，坚决有效地抵制西方社会各种错误思潮，还原高校应有的正常教育教学秩序，形成积极进取、生动活泼的校园文化。

二、国内外研究现状

（一）国内研究现状

1. 国内学者对新媒体的研究

我国学者重点对新媒体的概念、类型和特征三个方面进行了相应的研究。20世纪90年代后期，新媒体作为研究对象进入我国学者视野，研究主要关注远程教育和多媒体等方面。进入21世纪，学者越来越多突出对新媒体的理论研究，认为新媒体依托互联网，等同于网络媒体，逐

---

[1] 刘允正，郝春新，何新生，等.裂变与整合：大学生价值观的多样化趋势与高校思想政治工作创新体系研究[M].北京：光明日报出版社，2009：60.

渐呈现分散和去中心化的趋势。尤其是到了2005年，随着研究经费的大量投入，学术界对新媒体的研究更加深入、广泛，研究的领域不断拓展，涉及的学科越来越多。2005年曾被国内一些专家、学者称为"新媒体的跨越之年"。思想教育界也开始关注新媒体对思想教育方面的影响，并提出了一些改革创新思想和相应的策略。

新媒体的概念一直是学术界高度关注的热门话题，也是学术界争论的焦点，以致到目前也未能达成基本的共识。争论的焦点归纳起来，主要有以下三个富有代表性的观点：一是联合国教科文组织把网络媒体定义为新媒体。除此之外，熊澄宇等认为，"所谓新媒体，或称数字媒体、网络媒体，是建立在计算机信息处理技术和互联网基础之上，发挥传播功能的媒介总和"。[1] 二是新媒体是一种建立在数字化信息基础之上的媒体形态。上海交通大学徐剑和蒋宏教授把建立在数字技术基础之上的媒体定义为新媒体。中国人民大学匡文波教授把借助于计算机或具备计算机基本特征的数字设备传播信息的载体定义为新媒体。[2] 三是相对传统媒体来讲，新媒体的"新"是指除了广播、电视、电台、报纸的基本功能外，凸显复合式的传播模式。新媒体的复合式传播，主要是指新媒体用户具备三重身份：既是信息的接收者，又是信息的传播者，还是信息的生产者。新媒体不仅融合了人际传播和大众传播，还融合了组织传播和其他传播方式。

关于新媒体的特征和类型，学术界也有不同的看法。就新媒体的特征而言，学术界在重点关注其即时性和互动性的同时，也关注其虚拟性和开放性等特征。匡文波教授认为，数字化和交互性是新媒体应具备的基本特征，不具备交互性特征的媒体，如车载移动电视、户外媒体、楼宇电视等都不属于新媒体。此外，还有一些学者的研究为我们提供了更

---

[1] 熊澄宇，廖毅文.新媒体：伊拉克战争中的达摩克利斯之剑[J].中国记者，2003（5）：56-57.

[2] 匡文波.到底什么是新媒体[J].新闻与写作，2012（7）：24-27.

广阔的视野：曹春丽认为，新媒体具有融合特点，这体现在它超强的消化和沟通能力上；冯锐和金婧等多数学者认为，新媒体具有"广泛传播"特点，具体体现在传播媒介、传播层次、传播主体和传播关系等几个方面。[①]中国传媒大学宫承波教授研究认为，虚拟信息传递、个性化信息服务和超媒体等是新媒体的主要特点。

就新媒体的类型而言，匡文波教授经过深入研究，把新媒体分为网络电视、网络媒体、移动媒体等多种数字化互动媒体形式；曹春丽将新媒体的形式归纳为七种，即博客、交互式网络电视（IPTV）、播客、手机媒体、网络媒体、移动电视和数字电视；宫承波认为，虚拟社区、门户网站、网络文学、搜索引擎、网络游戏和电子邮件等都属于新媒体。[②]中国传媒大学黉亚冰等认为，生活中的网络电视是新媒体的重要类型之一。[③]

从以上分析和研究情况来看，学术界从以下三个方面对新媒体的特征描述容易让人混淆：一是新媒体传播的特征，二是新媒体的特征，三是新媒体技术的特征。为此，我们必须进一步厘清这几方面的问题。学者已经公认手机媒体和网络媒体为新媒体，至于其他类型属不属于新媒体，有待我们进一步的研究。

2. 国内学者对"大学生思想教育"的研究

我国学者主要从大学生思想教育的根源、本质和规律三个方面进行研究。在根源研究方面，张澍军（2008）从文化哲学视野、社会哲学视野和人文视野，深入研究了德育本体论。李合亮（2007）提出人的发展和生存方式的范畴是教育，并阐述了大学生思想教育的主要根源，即人的需要决定教育的本源，他对思想政治教育本质的研究，经历了从思想

[①] 冯锐，金婧.论新媒体时代的泛在传播特征[J].新闻界，2007（4）：29-30.
[②] 宫承波.新媒体概论[M].北京：中国广播电视出版社，2007：1.
[③] 黉亚冰，黄升民，王兰柱，等.中国数字新媒体发展报告[M].北京：中国传媒大学出版社，2006：1.

教育性质到本质的深化过程。张耀灿等（2006）的主要观点有一重本质说，即大学生思想教育的性质或政治性或意识形态性或阶级利益性，还有人文论和灌输论等。同时，还有两重本质的说法，也就是大学生思想教育的本质，是政治属性与非政治属性、经济管理属性与社会政治属性、科学性与政治性三个方面的统一。尽管学术界正在深入研究大学生思想教育的本质，但并未达成一致认识。

思想教育学科在我国有几十年的发展历程，在不同方面都作出突出贡献。在理论研究方面，刘社欣等（2009）研究了大学生思想教育合力，贺才乐（2002）研究了大学生思想教育载体。在交叉学科领域，学者主要从文化、大学环境、新媒体等方面，对大学生思想教育合力进行了大量的现实应用研究。在专题研究领域，学者主要从民族文化、中国梦、多元文化方面对社会主义意识形态的影响和对少数民族地区的思想教育建设等进行研究，在很大程度上丰富了大学生思想教育学科的内容。

3. 新媒体对大学生思想教育的影响研究

（1）新媒体为大学生思想教育工作带来了更多机遇。在积极影响方面，学者基本达成了共识，新媒体可以为大学生的传统思想教育提供新的独特视角，新的交流工具和传播工具，以及新的思维方式。新媒体把传统教育单一的物理空间与虚拟空间充分融合，拓展为更大的思想教育空间。新媒体为教育者和受教育者构建了更便捷的沟通平台，极大地缩短了彼此的心理距离，为人与人之间的平等交流开辟了新的渠道。同时，新媒体有助于更新思想教育工作者的教育方法和知识体系，也有助于其进一步了解大学生的思想动态，从而提高思想教育工作的效率。新媒体丰富了思想教育工作方式，提高了思想教育的渗透力。同时，基于新媒体的多媒体应用技术可以增强大学生思想教育的趣味性和吸引力，改变受教育者对传统思想教育的刻板观念，增强思想教育的感染力和亲和力。

周静指出，丰富的信息资源丰富了思想教育的教材，多元化的传播渠道畅通了思想教育的沟通机制，多维度的感官体验强化了思想教育的实际效果。①沈阳师范大学的王虹和刘智指出，综合运用新媒体技术对培养大学生的独立性、自主性和创新性具有积极的作用。②

（2）大学生思想教育将面临新媒体带来的巨大挑战。新媒体多元化的信息交流方式容易模糊大学思想教育对象的价值观，价值标准的缺失可能造成大学生的信任危机和人格障碍，加之新媒体信息来源不一，极大地增加了思想教育的难度。仲素梅和胡玉霞认为，新媒体时代对思想教育工作者的主旋律，大学生的道德意识、知识结构和心理等方面，都提出了新的挑战。③赵宏认为，新媒体时代教师的权威性、现行的思想教育模式和思想教育的有效性各方面都受到了挑战。新媒体信息传播的"无屏障性、新媒体技术的快速发展和新媒体传播的技术复合性与信息传播的快捷性给高校思想政治教育带来了难度，对高校思想教育工作者提出了媒体素养要求"。④新媒体是一种隐性教育资源，很难被思想教育工作者有效利用，在采访中，通过对国内一些高校的调查，在思想教育课网站建设中，一些高校没有在学生中进行充分的调查，因而在设定红色网站的栏目、内容和版式等方面较为随意，造成资源方面的极大浪费。⑤尤妮娜认为，新媒体的"去中心化"特性影响大学生的价值选择和判断。⑥还有一些学者认为，信息资源的不均衡，也对大学生的媒体素养提

---

① 周静.新媒体背景下加强高校思想政治教育的道路[J].学校党建与思想政治教育，2011（9）：46-48.
② 王虹，刘智.新媒体时代高校思想政治教育创新研究[M].北京：中国社会科学出版社，2012：5.
③ 仲素梅，胡玉霞.论新媒体时代的高校思想政治教育[J].教育探索，2009（9）：116-117.
④ 徐振祥.新媒体：大学生思想政治教育的机遇与挑战[J].思想政治教育，2007（6）：70-72.
⑤ 张菁燕.新媒体环境下高校思想政治教育实效性的调查研究[J].教育理论与实践，2011（33）：43-45.
⑥ 尤妮娜.新媒体时代大学生思想教育工作创新路径探析[J].学校党建与思想教育，2013（4）：15-17.

出了更多、更高的要求，同时网络虚拟空间间接的对话方式，对大学生的人格发展造成了一定的负面影响。

以上研究，大部分是从新媒体如何影响高校对大学生的思想教育方面进行的，成果非常丰富。但笔者认为上述研究具有局限性，应用更加宽泛的视野研究新媒体对大学生思想教育的影响。

（二）国外研究现状

1. 国外学者对新媒体的研究

1967年，美国物理学家戈德马克首次把"电子录像"称为"新媒体"，这是最早诞生的"新媒体"概念。在互联网还没有出现之前，加拿大著名传播学家马歇尔·麦克卢汉在其《理解媒体：论人的延伸》一书中就明确提出，媒体是人体与人脑的深度延伸。随着新一代电子媒体的深入发展，世界终将成为一体。进入20世纪末期，联合国教科文组织正式定义"新媒体"就是网络媒体。列维·曼诺维奇曾经提出，"新媒体"的特点主要体现在超时空性、超媒体性、虚拟性、交互性和开放性等五个方面。美国《连线》杂志刊载，新媒体逐渐演变成一种"全体人对全体人传播"的信息流，抑或是一种结合了人际传播和大众传播特征的信息呈现方式。①

在国外对新媒体的研究中，有一些学者从技术的角度定义了新媒体。例如，波尔把新的通信技术定义为"约25种通信设备的简称"②；罗恩则强调计算机和电信技术相互间的双向通信，他定义新媒体为"包含计算能力（微处理器或主机），能够允许或促进用户之间或用户与信息之间的

---

① 毕文佳.新媒体特性及电视媒介的变革融合［J］.现代视听，2012（6）：12-16.
② 毕晓梅.国外新媒体研究溯源［J］.国外社会科学，2011（3）：114-118.

互动"①；列维·曼诺维奇认为，"新媒体将不再是任何一种具有特殊意义的媒体，而不过是一种与传统媒体形式无关的一组数字信息，但这些信息可以根据需要以相应的媒体形式展示出来"。②少许外国学者从信息传播的视角定义新媒体。21世纪之初，澳大利亚昆士兰科技大学数字媒体研究中心的特里·弗卢教授，在其专著《新媒体导论》中曾经指出，新媒体技术的演进导致了全球化，通过电子通信技术，极大地拉近了世界上不同地方人与人之间的距离。③还有少数学者认为，新媒体处于一个动态变化的过程中。在斯蒂夫·琼斯主编的《新媒体百科全书》中，他说："对于新媒体的唯一完美定义无疑来自对历史、技术和社会的综合理解。"④美国凡·克劳思贝教授认为，新兴媒体实际上属于第三媒体，同大众媒体和人际媒体相当。其特点是，所有的个性化信息都可以同步给无限多的人，每个人都可以平等和互惠地控制他们的内容。⑤

国外关于新媒体的研究主要集中在三个方面：一是数字化是新媒体的主要特征，新媒体是一个动态变化的概念；二是新媒体不仅改变了人们的社会交往行为，还改变了人们的价值观，其价值已经延展到社会的各个领域；三是随着时代的进步，新媒体不断发展，媒体素养教育成了新的命题，大多数国家甚至是全世界正在将其纳入本国的教育体系中。

2. 国外学者对思想教育的研究

在当代中国，思想教育是一门非常特殊的学科，它长期扎根在高校

---

① LEAH A.LIEVROUW, SONIA LIVINGSTONE.The Social Shaping and Consequences of ICTs [M] // LEAH A.LIEVROUW, SONIA LIVINGSTONE.The Handbook of New Media.London: Sage, 2004: 1-16.
② 李秦, 褚晶晶.浅谈新媒体条件下社会主义意识形态建设［J］.出国与就业（就业版）, 2011（13）: 95-96.
③ TERRY FLEW.New Media: An Introduction [M].New York: Oxford University Press, 2002: 13.
④ 琼斯.新媒体百科全书［M］.熊澄宇, 范红, 译.北京: 清华大学出版社, 2007: 2.
⑤ 汪頔.新媒体的发展趋势及其对价值观的影响［D］.上海: 复旦大学, 2013: 12.

思想政治教育的土壤中。国外也有思想教育相关的概念和实践领域,如大学生道德教育、公民教育和通识教育等。无论它们叫什么,怎么称呼,其目的都是维护本民族的意识形态,其实质都是思想教育,只是名称不同而已。因此,国外非常重视开展思想教育研究。

(1)各国思想教育概况。美国高度重视其"美国精神""美国民族意识""美国梦"的教育及培养,同时,美国也注重法治、责任和人格教育的培养。正如杜威所说:"在日常的生活进程中,教育是偶发的;在学校教育中,教育是有益的。"①新加坡十分注重"德育、智育、体育、群育、美育"教育,他们把"德育"排在"五育"之首,并在公民德育活动和环境中融入大量思想政治教育,主要包括民族精神、价值观、民族信仰等,构建德育动态发展目标体系,主要成果有《儒家伦理》等。②

(2)世界各国思想政治教育的特点和先进经验。欧美国家开展大学生思想教育主要有三个特点。一是以公民教育为核心,善于通过立法加强青少年思想教育。例如,美国政府高度重视青少年思想政治教育的立法工作,如1993年克林顿政府颁布的《2000年目标:美国教育法》,从法律层面为大学生思想教育建立了长效机制。二是强调思想教育方法的日常化、社会化,本质上善于运用以人为本、隐性教育为主的方法。如欧美国家的一些国家公园、博物馆、名胜古迹、纪念公园等,都免费向公众开放,形成了全社会思想教育的大背景,尤其是增强了高校大学生的爱国主义精神和民族意识。三是充分利用互联网和各种新媒体工具,制作大量符合大学生消费喜好、隐含自身意识形态的文化产品,然后通过电视剧、电影和网络微视频等形式进行广泛传播。美国充分依托其文化产品的生产优势和强大的互联网技术,把"美国梦"的价值观充分融入各类文化产品中,这些文化产品不仅在其国内广泛传播,还被推向全

---

① 关丽丽.中美大学思想政治教育比较研究[D].大连:大连理工大学,2012:13.
② 张红霞.文化多元化背景下高校思想政治教育实效性研究[D].西安:陕西师范大学,2009:1.

球范围,以达到向全球渗透其价值观的目的。

3.国外学者对新媒体的应用研究

新媒体是伴随信息技术的不断进步发展起来的,在其迅猛的发展潮流中,一些欧美发达国家把新媒体技术充分运用到教育领域,其经验值得我国借鉴。

2010年,美国教育部发布了国家教育计划——《变革美国教育:技术推动的学习》,该计划明确提出美国在技术推动下的学习模式、相关建议:在学习模式上,充分利用科技优势,为学习者提供个性化的学习;在教学模式上,采用相互协作的教学模式,运用互联网取代单独授课的传统教学模式,同时充分运用大数据,把大数据分析结果提供给教育工作者,并帮助他们科学合理地组织教育工作;在基础设施的建设上,建议为教育工作者和大学生提供完善的新媒体基础设施,随时随地获取所需资源。[1]英国的信息化教育路径是"学校、家庭和社会各方面协作推进"[2],并由英国政府统一运营。1996年,韩国明确提出,"韩国从小学到大学已经基本实现了数字化教学,研发出EDUNET教育网站和RISS学术研究信息系统,并将高校数字教学资源运用到了商业项目"。[3]

国外学界对教育信息化的研究,以及应用新媒体开展大学生思想教育的成果方面,有值得我们借鉴的教育方法和技术经验,也有启发我们思路的地方。但这些引进来的教育方法和技术经验能否用于我国大学生的思想教育,需辩证看待问题,取其精华,去其糟粕。

---

[1] 冉花,陈振.国际教育信息化研究系列Ⅰ:国际教育信息化机制策略(美国篇)[J].中国教育网络,2012(7):34-36.

[2] 吴砥,余丽芹.发达国家教育信息化政策的推进路径及启示[J].电化教育研究,2017(9):13-28.

[3] 毛春华.国外教育信息化发展战略对我国的启示[J].中国成人教育,2017(12):103-106.

三、研究的思路与设计

（一）设计固定的论域进行研究

每个科学理论都有自己的研究领域。本书是以"新媒体时代大学生思想教育工作"为论题，以习近平新时代中国特色社会主义思想为指导，基于新媒体时代大学生思想教育工作的现实状况展开研究的，立足当下，展望未来。

（二）坚持用习近平新时代中国特色社会主义思想的世界观和方法论来进行研究

本书主要定位在对世界的看法和方法论的原则与方法上，展开对新媒体时代背景下网络传播中大学生思想教育工作的研究。马克思主义世界观，也就是辩证唯物主义与历史唯物主义，首次科学地揭示了自然、社会和思维发展的普遍规律。马克思主义方法论符合人的世界性和人的社会性的养成及发展的规律，符合人的存在和人的活动的生成与发展的规律，是社会实践与能动的科学方法论。本书坚持用习近平新时代中国特色社会主义思想的世界观、方法论，以马克思主义及其中国化成果——中国特色社会主义为主要基调，开展新媒体时代背景下大学生思想教育工作的研究。

（三）抓住重点、难点进行深层次研究

要进行深层次研究，就必须厘清论题的重点和难点，只有抓住了本书的重点和难点，才能掌握解决问题的金钥匙与灵魂。本书的研究重点是新媒体时代大学生思想教育工作当前的问题，这是发展路径提出的前提、根据与核心。只有清醒地认识到新媒体时代大学生思想教育工作存在与出现的问题，才能提出富有具体性与时代性的策略，才能让我国大

学生思想教育工作取得显著成效。新媒体既有利又有弊，如何去探索一整套行之有效的路径和方法来应对新媒体时代网络传播给大学生思想教育工作带来的各种冲击和挑战，并通过运用新媒体增强大学生思想教育工作的实践效果，是本书的重点，也是难点所在。因此，本书探讨的难点在于如何规避互联网带来的风险，强化我国主流思想教育，把我国大学生思想教育工作发展的具体路径向前推进。新媒体时代网络传播中大学生思想教育工作是关系到高等院校、大学生、国内外环境、现实与虚拟世界等诸多因素的一项重大工程，作为一个必须高度关注且亟须解决的重大现实问题，要提出行之有效的方法与途径是相当有难度的。

本书共分为五个部分。

第一部分为绪论，主要包括本书的背景、意义、国内外的研究现状和发展趋势，分析和探讨了本书的研究思路与设计、研究方法和创新之处，从而为之后的研究打下坚实的基础。

第二部分是新媒体时代大学生思想教育概述，包括新媒体的概念、特征与类型，网络传播的定义和发展，新媒体时代大学生思想教育工作的内涵等内容。

第三部分是新媒体时代大学生思想教育工作的机遇，包括新媒体为大学生思想教育工作提供了广阔的建设空间，新媒体发展为网络传播环境带来的机遇，新媒体的发展为高校思想教育工作提供了新的思路等内容。

第四部分是新媒体时代大学生思想教育工作面临的挑战，包括我国思想教育工作在互联网中的建构现状，新媒体发展给网络传播环境带来的挑战，新媒体时代大学生思想教育面临的挑战等内容。

第五部分是新媒体时代加强大学生思想教育工作的措施，包括加强大学生的理想信念教育，培养新媒体时代下网络传播与大学生思想教育工作的良性互动，加强大学生网络素质教育，营造和谐的网络文化环境，加强高校舆论引导能力，大学生应加强自我教育等内容。

四、创新之处

高校是国家培养新时代青年的教育机构，是思想教育工作的重要组成部分，实现马克思主义思想在大学生中内化于心，是高校思想教育工作中极其重要的一项内容，许多学者和一线工作者对此进行了多方面、多层次的分析和探讨。有学者从新媒体的背景和网络传播的视角出发，系统研究大学生思想教育工作中的问题，然而成效并不显著。本书从新媒体时代的网络传播与大学生思想教育工作相结合的视角进行考察，与其他的相关研究视角有所不同。

本书以相关调研结果为前提，结合自身实际工作，以提升思想教育工作者的素质为目标，不断加强大学生利用新媒体提高思想教育的自主性、调动其积极性，在挖掘新媒体网络传播优势进行思想教育工作和加强软硬件环境建设等方面提出相应对策，具有一定的新意。

五、不足之处

思想教育工作是一个由多种要素构成的系统。新媒体的发展使网络传播渠道、方式以及机制也发生了变化。新媒体是复杂多变的，对思想教育工作的影响所遵循的规律表现为由内向外的转化。要想做到充分认知、深刻把握思想教育工作的规律，及时感知并客观解读新媒体网络传播形态与传播规律的变化，并将两者结合在一起，努力探寻思想教育工作的新特点、新方式，是比较困难的，加上思想教育工作者的做从业时间、水平有限，对这方面的研究还有待深入。

在实证调研过程中，本书力求对大学生群体在面对复杂多变的社会生活、网络科技的反应进行同步跟踪与了解，但受条件有限，与研究要求还有一定差距。

第一章

新媒体时代大学生
思想教育概述

第一章 新媒体时代大学生思想教育概述

任何科学研究最先解决的问题之一都是对相关概念进行明确定义。只有先定义概念，才能避免概念不清导致的研究对象错位问题，尽可能避免概念不清引起的不必要的学术争论。基于此，本章首先对新媒体、网络传播、大学生思想教育等相关概念进行界定，其次为本书其他章节的研究提供理论依据。

第一节 新媒体的概念、特征与类型

一、新媒体概念的界定

1967年，美国物理学家戈德马克发表关于录制电子视频的商业项目计划书，首次提出了新媒体的概念。他在这个项目中，明确新媒体是指以图像传输技术和无线电为基础的电视、广播、电影和其他媒体等，这种媒体与传统纸媒有很大的区别。随着科技的不断发展，新媒体的影响力达到了顶峰。据有关方面的统计，作为新媒体概念来使用的内容达30多种。除了人们生活中非常熟悉的微信和微博外，还有门户网站和博客等媒体形式，国内也有一部分学者把户外多媒体设备和数字电视等称为"新媒体"。由此可以看出，学术界对新媒体的含义及其存在形式，依然处于研究阶段，认识上仍然没有统一。

美国俄裔新媒体艺术家列维·曼诺维奇研究认为"新媒体将不再是

任何特殊意义的媒体，而不过是一种与传统媒体形式没有相关的一组数字信息而已"。① 新媒体已经不是任何一种媒体形式，而是实现了人与人之间直接传播的信息呈现方式。② 现如今，我国学术界仍有一大批研究者认为，新媒体是对传统媒体的一种强有力补充，是传统媒体的进一步延伸。王斌认为，"新媒体是以数字信息技术为基础，以互动传播为特点、具有创新形态的媒体"。③ 清华大学教授熊澄宇等认为："所谓新媒体，或称数字媒体、网络媒体，是建立在计算机信息处理技术与互联网基础之上，发挥传播功能的媒介总和。它除具有报纸、电视、电台等传统媒体的功能之外，还具有交互、及时、延展和融合的新特征。"④

宫承波教授在深入研究新媒体后认为，新媒体首先是一个时间性非常强的概念，如相对于报纸、杂志等印刷媒体来讲，日常生活中的电视和广播就是"新媒体"，但它在网络媒体面前依然是一种"旧媒体"；其次是一个技术性非常强的概念，是指"依托数字技术、互联网技术、移动通信技术等新兴科技产生的向受众群体提供信息服务的一系列工具或手段"。⑤ 上海交通大学蒋宏教授和徐剑教授在其合著的《新媒体导论》一书中指出，新媒体的含义主要包括两个方面：一方面是指媒介在形态方面的变革，如基于无线通信技术的数字电视和手机等；另一方面是指有些媒体在传统领域实际上已经存在，但人们未发现其价值和被广泛利用，在新时代才被逐渐发现，如具有传播价值的车载移动电视等户外媒体。⑥ 兰州大学教授王学俭认为："新媒体是相对于传统媒体而言，建立在数字技术基础上，通过计算机技术、无线通信技术、卫星等介质，利

---

① 杨继红. 谁是新媒体 [M]. 北京：清华大学出版社，2008：3.
② 杨状振. 中国新媒体理论发展研究报告 [J]. 现代视听，2009（5）：11-16.
③ http://baike.baidu.com/link?url=xIj5BJurEqtHKhVbQYF6IRR-ayXbyrkah8TMRZDQVAas8ysaoW51wxPLnv4Jw cfcDViENMKLYqNbKsr6SPjS97aoYzcd6-4JI5_d4gjCvCHcfXUpwUnV7xEiKKR2ffYs.
④ 熊澄宇，廖毅文. 新媒体——伊拉克战争中的达摩克利斯之剑 [J]. 中国记者，2003（5）：56-57.
⑤ 宫承波. 新媒体概论 [M]. 北京：中国广播电视出版社，2009：3.
⑥ 蒋宏，徐剑. 新媒体导论 [M]. 上海：上海交通大学出版社，2006：13.

用计算机、手机、数字电视机等终端，为人们提供信息与服务的传播形态。"①

为此，我们在把握新媒体的定义和内涵时，有必要厘清以下两个特征。一是依托移动通信、数字和互联网等新兴技术。二是新媒体在本质上可以实现所有人的即时交流和直接沟通，既具有即时性和互动性的主要特征，也具有整合性和开放性的特点。在此，本书所指的新媒体主要是建立在移动通信、数字互联网等技术基础之上的，并具有全体媒体的开放性、即时性、整合性和互动性等特点。

二、新媒体的主要特征

邢长敏认为，交互性、个性化、复合性和集成性是新媒体的主要特点。②才让卓玛认为，新媒体有四个特征，即打破了信息传播的时空限制、数字化生存、传播模式的多向互动性、分众化成为现实。③2018年中国新媒体发展呈现五大特征：第一，政务新媒体高质量发展；第二，重大主题报道成为媒体融合的主战场；第三，县级融媒体中心的建设已经上升到国家战略高度；第四，网络直播和短视频行业发展图景各异；第五，5G和4K为新媒体发展提供了新的契机。④学者在上述研究的基础上总结出来的新媒体特征基本上是一致的，他们大多是从信息的本身、信息传播主体之间的关系、信息传播的时空等维度来进行描述。综合学术界对新媒体的观点，本书认为新媒体具有以下核心特征。

---

① 王学俭.新媒体与高校思想政治教育[M].北京：人民出版社，2012：13.
② 邢长敏.论新媒体定义的重构[J].新闻爱好者，2009（10）：8-9.
③ 才让卓玛.向主流媒体演进的2008新媒体研究[J].现代视听，2009（1）.
④ 黄楚新.2018年中国新媒体发展呈现五大特征[J].新闻世界,2019(8):6.

（一）互动性

在网络出现之前，我们在日常生活中见到或收听到的广播电视节目，也就是我们常说的传统广播和电视，运用的是单向灌输式传播技术，信息只有在发布者发布后才能流向受众，往往是发布者在什么时间段播什么，受众在相应的时间段看到什么或听到什么。受众完全没有选择权，只是被动地接收，也不可能随时反馈信息。在新媒体环境里，信息传播是双向的传输过程，信息的发布者和受众都是信息的主导者，正是双方的互动参与，才推动了信息的广泛传播。新媒体的这种互动性，主要体现在人们随时随地都可以通过发微博和发微信等方式，表达自己的观点，发表自己的看法。新媒体的不断发展，倒逼传统媒体积极地进行变革。在《中国舆论场》《生活圈》等电视节目中，我们可以看到观众参与到节目的整个过程，运用微博、短信和微信等形式参与互动，亲身体会参与节目的乐趣，并亲身感受自发观点的重要性，人们的主动性和积极性被调动起来。

（二）即时性

一般传统媒体的制作周期非常长，加之审批程序繁多等，通常定期发布，时间非常固定。新媒体主要采用互联网和数字广播等新技术发布信息和接收信息，不会受到空间、时间和场所等方面的限制，信息秒传全世界。特别是当发生突发事件时，通过微博、即时通信工具、移动应用程序的有机结合，可以将信息迅速传递到世界各地。

例如，2022 年 6 月 10 日凌晨发生的"唐山打人"事件，当天凌晨 2：40 左右，唐山某烧烤店发生打人事件。1 分钟后，一位现场目击者录下了 10 多秒的视频发布到网上，讲述了现场实况并报警，该事件被迅速在网络上炒成热点新闻。事件发生 1 分钟后，唐山市公安局路北分局机场路派出所接到报警信息，3：09 到现场处置。《人民日报》在当天 22：48

发布评论:"唐山这起群殴女子事件令人震惊,不仅挑战了法律,还挑战了社会秩序,挑战了大众的安全感"。可以看出,对于这类突发事件,信息的传播速度非常快,这在传统媒体环境下是无法实现的。

(三)开放性

传统的信息传播和制作过程,通常对信息有一个严格的审核环节,因此存在"把关人",受众获取信息只能通过信息采编中心实现。在很多国家,传统媒体通常会保护本国文化并铸牢意识形态,还会采取各种办法控制外国媒体的流入,其实质也阻碍了信息的全球传播。而在新媒体时代,互联网和通信卫星技术的发展,突破了时空限制,只要有传输设备和接收设备,来自全球任何角落的信息都可以被瞬间接收。在新媒体时代,任何人都可以随时随地表达自己的观点,也可以建立属于自己的信息空间,发起话题。每个社会人都同时扮演多种角色,既可以是记者、编辑,也可以是主持人,既可以是信息的传播者,也可以是信息的受众。"草根化"是新媒体时代非常鲜明的特征。

(四)融合性

新媒体的融合性体现在媒介融合和媒体融合两个方面。媒介指的是信息传播需要的介质、通道或者载体。而媒体是媒介和内容体系的相互组合,由后端内容架构、编读互动、生产流程等系统支撑。随着社会的发展和科学技术的进步,电子计算机和互联网等高新技术飞速发展,已经渗入社会生活的各个领域,迅速成了时代的主流。这推动了媒体的变革,使得媒体领域逐渐多元化,在一定程度上冲击了传统媒体在人们心目中的主导地位。为了顺应新时代潮流,不被社会淘汰,传统媒体与新媒体的融合发展迫在眉睫。2016年8月5日,国家新闻出版广电总局公布"全国报刊媒体融合创新案例30佳"名单,人民日报客户端和光明日报的光明云媒客户端等居榜单前列。与传统媒体相比,新媒体更加多元化，它既可以是单独的文字、声音、图像、视频，也可以是两种或者多种形式信息的相互融合，还可以是其他形式的信息。此外，新媒体的融合性在移动终端，特别是在多媒体手机上体现得非常完美。手机不仅可以接打电话，还可以照相、编辑传播文案；不仅可以发短信和微信、微博等，还可以上网、看电视、听广播等；既可以是信息的发布机，也可以是信息的接收机，完全是集多功能于一体。

三、新媒体的主要类型

依据现行的新媒体分类标准，学术界进行了相应的分类。首先，从关注的积极性上划分，分为被动关注媒体和主动关注媒体两种。微博和博客就属于主动关注媒体，而户外多媒体和彩信则被划分为被动关注媒体。其次，有些学者从新媒体受众量的角度出发，将其划分为小众媒体和大众媒体。在固定场所如医院、建筑物、楼道等场所的是小众媒体，在人口稠密的地铁、公共汽车站、商场等场所的是大众媒体。再次，新媒体还分为无形媒体和有形媒体两种。数字电视、户外媒体、移动媒体等属于有形媒体，互联网、电子书、手机报等则属于无形媒体。最后，南京师范大学王磊从传播终端进行划分，将新媒体分为数字电视、移动媒体和互联网媒体三种类型。其中，互联网媒体主要包括搜索引擎、门户网站、微信、互联网广播电视、微博等多种形式。移动媒体主要包括移动互联网和短信等。数字电视指的是车载移动电视和社区电视等。

随着科学技术的发展，新媒体的形式不断拓展和创新，还会出现新的媒体形式。例如，微信和微博在激烈的竞争中双双崛起，先是微博被蓬勃发展的微信取代，后有抖音和快乐大流量覆盖。从媒体终端来看，20世纪后期，台式电脑的面世，可以说是风靡一时，而现今多功能的手机、平板电脑、笔记本电脑，以及琳琅满目的可穿戴设备等已成为新媒体终端。

科学技术的变革，使任何人都可以通过新媒体终端，进行实时和直接的信息交流。本书主要向当代大学生介绍新媒体的形式。

（一）门户网站

这里所说的门户网站，是指"通向某类综合性互联网信息资源并提供有关信息服务的应用系统"。[①] 门户网站始于20世纪90年代初期，当时，只具备网络访问和搜索引擎两项服务。随着时代的进步和科技的发展，门户网站的竞争越来越激烈，不得不逐渐扩充业务和增加服务，至今已经发展成为"琳琅满目"的"百货商店"，甚至可以说是一间盛大的"网络超市"。CNNIC发布的2023年第52次《中国互联网络发展状况统计报告》显示，截至2023年6月，我国域名总数为3024万个。

（二）微博

微博是一个基于用户关系的信息获取、共享和传播的社交网络平台。有研究认为，微博是融合了何人、何时、何地、何事4A元素的新媒体形态。微博是一个开放度非常高的平台，它拥有的无限延伸特性，扩大了受众之间的交流空间。通过微博，用户可以吸收和影响大量的信息，建立特殊的社交网络关系。部分研究表明，这种社交网络关系和社交网站大不相同，这是一种被单向追随者简化的社会关系，这种关系的不对称，使得信息的发送者和接收者彼此靠近，有一定的距离感。[②] 微博与博客相比，两者在功能上有一些相似之处。它们都记录了人们的文化生活，同时也记录了社会的发展、互动交流的内容等。但从具体的形式上来看，微博字数限制在140字，这显然比博客要短得多，内容更加简单，对用户的编辑能力要求也相对更低，其沟通更加直接，互动性更强。正

[①] 李莹.新媒体环境下大学校园文化的特点及变化规律［D］.南京：南京理工大学，2014：9.

[②] 孟威.2011年新媒体研究四大热点［J］.新闻战线，2012（3）：84-86.

是因为具备这些优势，微博从发展之初就迅速火了起来，可以说是裂变式增长。

截至 2020 年 6 月，微博的使用率达 40.4%，已经成为人们发布和获取信息的一条非常重要的途径，具有社交、休闲、娱乐等基本功能。在新冠疫情前期，有些海外博主，以视频、图片和文字等形式通过微博分享当地疫情，成为受众了解海外疫情的重要窗口。截至 2020 年 3 月，境外微博用户上传疫情相关视频累计量达 192 万段，播放量达到 758 亿次以上。

目前，社交网络市场结构基本稳定，各细分行业也在不断地探索和创新，微博已经发展成为主流的社交平台，占据了网络交流大部分的流量。随着本地生活、短视频、电商等服务方式的不断丰富，完整的服务生态圈和流量周期基本构建完成。

（三）即时通信软件

这里所说的即时通信软件，是指一种执行软件，主要依托移动通信和互联网平台，采用图片、文字、视频、声音等信息格式，充分运用各种现代通信技术，通过多终端和平台来实现同平台甚至是跨平台的通信，其最终目的是通信。在中国，常用的即时通信软件有微信、微博、QQ、抖音、小红书等。

根据中国互联网络信息中心（CNNIC）发布的 2023 年《第 52 次中国互联网络发展状况统计报告》，截至 2022 年 12 月，我国即时通信、网络视频、短视频用户规模分别达 10.47 亿人、10.44 亿人、10.26 亿人。

人类最基本的沟通方式是面对面地聊天，可以说聊天是人类的一种基本需求。正因如此，互联网应用最基本的功能就是"聊天"，而即时通信软件成为我国网民最喜欢的"聊天"工具之一。和其他产品相比，即时通信软件较为亲民，因此用户基数非常大。如今，即时通信软件已不再是传统的聊天工具，而是集社交、娱乐、购物等功能于一身的新媒体平台。随着科学技术的进步，即时通信软件的功能会更加多样化，内容会更加丰富多彩，体验感也会越来越好。

2020年上半年，新冠疫情加速了即时通信行业的快速发展，主要体现在三个方面：一是在行业发展方面。疫情进一步推动即时通信软件成为增长最快的互联网应用之一。二是在个人即时通信软件方面。受防疫抗疫政策的影响，网民之间的互动交流逐步从线下转向线上，即时通信软件成为主要的交流工具，其活跃度迅速提高。三是在企业即时通信软件方面。按照国家防疫政策要求，各企业要落实非接触式办公。正因如此，疫情之后，越来越多的企业使用即时通信产品，推动了即时通信软件用户规模的飞速增长。

从市场竞争的角度来看，随着即时通信软件领域的新进入者数量持续增加，行业内的竞争进一步加剧。阿里巴巴的钉钉从正式发布到2021年8月底，企业用户超5亿个。华为的WeLink、拼多多的Knock、字节跳动的飞书等企业级即时通信产品2020年上半年已陆续向公众开放。

从社会影响的角度来看，即时通信软件已成为新冠疫情防控的重要信息平台。一是即时通信小程序和公众号相继成为发布疫情信息的主要渠道。有关数据显示，仅2020年1-3月，新冠肺炎疫情即时通信应用模块提供了超过60亿次的疫情动态查询及相关服务。二是即时通信企业积极参与复工复产工作。三是疫情期间，即时通信公司进一步推动了医院信息化转型。

在即时通信领域，我们重点介绍备受青年大学生青睐的社交新媒体——微信朋友圈。CNNIC发布的2020年《第46次中国互联网络发展状况统计报告》显示："截至2020年6月，微信朋友圈使用率为85.0%。"随着即时通信软件的性能及功能的迭代和加速，远程应用程序的功能和服务能力迅猛发展并得到提高。在软件的性能方面，无论是同时在线的人数，还是视频的清晰度和低延迟等，都得到快速迭代，用户体验不断优化，如企业微信和钉钉实现了300人同时在线。

微信能够通过智能搜索和直接客服等功能为用户提供更高效、更多种类的内容和服务。比如，使用微信的搜索功能，可以直接链接到与关键词相关的小程序、娱乐资源和资讯信息等，为受众提供更加高效、便捷的信息资讯服务，如搜索"核酸检测"可以直接预约核酸检测服务，搜索产品品牌名称可以直接在线购买。因此，与2019年同期相比，2022年第一季度微信的总消息量和每日使用小时数出现了两位数的增长。

第二节　网络传播的定义和发展

一、网络传播的定义

20世纪末，人类步入网络时代，新媒体技术在电子科技的基础上迅速发展起来，人类日常生活越来越方便快捷。网络传播正在改变着人类的生活方式，它涉及人类生活的方方面面，如政治生活、经济生活、日常生活等。网络传播在日常生活中发挥着十分重要的作用，其影响日益扩大。因此，对网络传播进行明确的界定是非常必要的，这是我们进行相关研究的前提和基础。

随着互联网技术的不断更新和发展，网络传播应运而生，它突破了传统的信息传播方式。目前，网络传播的定义在学术界尚未达成共识，大部分研究仍然停留在阐述网络传播的概念上。有学者认为网络传播是"以全球海量信息为背景、以海量参与者为对象，参与者同时又是信息接收与发布者并随时可以对信息作出反馈，它的文本形成与阅读是在各种文本之间随意链接中完成的"[①]。有学者认为"网络传播其实就是指通过

---

① 田发伟.崛起中的中国网络媒体：现代传播评论圆桌会发言摘要[J].国际新闻界，2000（6）：46-49.

计算机网络的人类信息（包括新闻、知识等信息）传播活动。在网络传播中的信息，以数字形式存储在光、磁等存储介质上，通过计算机网络高速传播，并通过计算机或类似设备阅读使用。网络传播以计算机通信网络为基础进行信息传递、交流和利用从而达到其社会文化传播的目的。网络传播的读者人数巨大，可以通过互联网高速传播"。① 还有学者认为"网络传播是指个体借助网络平台，通过个人主页、网站讨论版、聊天室以及 QQ 等多种途径发布信息、发表评论和进行文学创作的行为，学术传播、电子商务以及专业机构发布的新闻因其与传统的信息发布模式相似而不做考察，所指的自由不仅指表达与传播自由，而且与政治解放、克服异化、实现个人与社会和谐合理发展、达到本真生活同义"。②

综上所述，本书侧重网络传播是通过计算机网络来传播人类各类信息的活动。这里的"网络传播"是人们通过互联网平台参与各种信息传播活动的总称。从传播的角度来看，自互联网诞生到今天，其参与信息传播活动的意义远远超出了人类社会的想象，也超出了互联网本身的物理意义。从技术的角度来看，互联网是指具有独立运算功能、处于世界任何位置的计算机，通过统一的网络协议互相连接起来，进行资源共享和信息传输的系统。互联网具备高度的开放性、传播的全球性、交流的互动性和沟通的实时性特点，这极大地契合和满足了绝大多数人与生俱来的交流需求，因而被世界受众广泛接受和采用，有了巨大的发展机遇。

随着科技的发展，计算机技术不断成熟，网络传播应运而生。网络传播是建立在传统的通信技术基础之上，借助于网络技术和数字技术的一种全新的信息传播方式。要深入地了解网络传播，必须从它的发展过程入手。1946 年，世界第一台计算机诞生在美国。可以说，对于人类

---

① 匡文波.论网络传播学［J］.国际新闻界，2001（2）：46-51.
② 胡春阳.网络：自由及其想象：以巴赫金狂欢理论为视角［J］.复旦学报（社会科学版），2006（1）：115-121.

社会和信息技术的发展来讲，计算机的诞生具有里程碑意义，奠定了信息网络通信技术坚实的基础。1957 年，苏联发射了世界上第一颗人造卫星，对美国产生了非常深远的影响。之后，美国大胆尝试专注于研究互联网，其成果直接推动了信息时代的到来。1969 年，互联网的雏形在美国初现，只不过当时仅处于初步的实验阶段，由美国兰德公司研发出的新通信系统，使得网络能不受控制中心的约束单独运行。1983 年，TCP/IP 网络协议成为互联网新的通信标准协议，标志着互联网正式诞生。从某种意义上来说，计算机的诞生和网络技术的应用，对互联网信息的传播起到了推波助澜的作用；同时，数字技术的出现和发展也起到了关键性的推动作用。数字技术是一项与电子计算机相伴而生的科学技术，它以计算机和软件为核心，主要融合了电话、照相机、手机、计算机、广播和电视等各种技术。实际上，数字技术是多媒体技术赖以生存和发展的基础，如果没有数字技术，就不存在多媒体技术。

进入 21 世纪以来，人们开始追求更加人性化的生活方式，对生活环境和生活方式有了更高的要求。特别是，在社会经历了规模化的大工业之后，人性化生活方式的制定被应用到生活的各个方面，不同的人需要适配不同的标准，而这些标准的制定对信息网络传播技术提出了更高的要求。中国政府坚持人民至上，提出了以人为本的标准，在这样的前提和背景下，要求网络传播系统要时时刻刻满足受众对信息的不同需求。从 20 世纪末出现的短信到传统的报纸，从广播到模拟电视、即时通信软件和微博，再到今天的数字电视和互联网，信息传播的技术越来越成熟和先进，互联网传播的内容也越来越丰富，其服务也越来越人性化、多样化。21 世纪的现代人，特别是年青一代，自我意识变得越来越强，在网络和社会生活中，他们更加渴望实现个性化，而中国政府提出的以人为本的标准，满足了年青一代对互联网的个性化需求，奠定了网络传播技术可持续发展的基础。

二、网络传播的特点

（一）兼容性

互联网系统最大的特点是允许用户自定义使用环境，这样实际上就形成了一个宽容性和包容性兼具的兼容模型，这种模型集数种传播方式于一身，网络传播工具的叠加性和兼容性得到充分体现。同时，网络传播还充分考虑到受众观看媒体的不同需求，有效地融合了各种形式的信息，将一些动画、视频和音频等应用融合在一起，并在此基础上，充分融合了一些传统的信息传播方式。从传播学角度来看，网络传播给人类提供了一个全新的信息交流渠道，人与人之间的交流变得更加通畅和方便，群体之间的交流也变得更加广泛。同时，网络传播突破了地域、民族、国别等多方面的限制，实现跨地域、跨种族、跨语言等的媒体兼容性，网络传播的人群从而迅速扩大，这也充分体现出文化形式和信息选择方面的兼容性。

正是因为网络传播具有宽泛的兼容性，所以其内容具有信息上的丰富性和形式上的多样性。实际上，网络媒体就是进一步整合了报纸、广播、电视等媒体的优势，把声音、图像、文字、图片等符号，通过一定的数字技术结合在一起。整合了电子报纸、新媒体和广播各种优势的网络媒体，确实实现了图文音视频的有机结合。网络媒体存储的是经过数字化的信息，与传统媒体相比，网络媒体的信息存储量是其绝对的优势之一，其容量空间甚至是无限的。正是因为网络信息的海量性特点，诞生了专题报道、新闻数据库等多样化的服务行业，极大地方便了受众的各种个性化需求。

（二）即时性

网络媒体与我们日常阅读的杂志和报纸等传统媒体不同，新闻信息通常是滚动实时更新的,更新的速度非常快,因此,网络媒体没有传统媒体所谓的头版头条,可以说每条新闻、每条信息都是头版头条。人们除使用专业的摄像机、相机、新闻设备外,还可以用手机、智能手表等便携设备,随时记录新闻事件,对突发新闻进行现场直播,确保了第一时间进行网络报道。特别是,对于突发事件,与传统媒体相比,网络信息的生产、分发、传播节省了很多中间环节,因为网络新闻是实时滚动更新的,用户能通过网络随时随地了解事件的后续进展情况。网络传播的实时性特点,大大缩短了信息传播的时间,而且,信息使用者在网络媒体上获取信息的成本相对较低,这完全是随着硬件科学技术进一步发展而来的。在新媒体时代,广大受众获取信息的渠道不断拓展,浏览范围相应增加,其知情权也迅速扩大。同时,新媒体的即时性特点彻底打破了传统媒体时代"信息不对称"状态,在新媒体时代,人人都充分享有平等的知情权。而在传统媒体时代,有可能存在主观上或者无意间的隐藏信息,还有可能因社会管理需要而采取的一些信息管控。网络媒体和传统媒体之间的竞争与合作,使受众有了更多的选择权利,获得信息和判断信息的水平得到客观改善,同时,信息传播的质量和数量在一定程度上有了保证。

然而,正是由于网络媒体具有的"即时性"特性,在网络媒体上即时传播的信息,缺乏充足的时间来验证新闻的真伪。因为网络媒体环境中没有类似传统媒体的"守门人",把关功能变得非常模糊,所以难以确保新闻事件、信息的准确性和真实性。在网络媒体平台上,新闻传播速度快,信息更新过于频繁,增加了信息核实和验证的难度,这难免会导致公众在对新闻的理解上出现偏颇。同时,新闻更新速度快,也导致了新闻的碎片化,加大了受众对新闻的全面理解程度。网络媒体实时更新海量信息,信息洪流搅乱了整个平台,从而增加了受众对信息的接收难度,由此逐渐养成了快餐化消费习惯和休闲消费习惯。

（三）全球性

当今是网络媒体盛行的时代，网络媒体的第三个特点是传播空间的全球性。随着互联网的不断发展，地球变得越来越"小"，互联网拉近了人类之间的距离，网络信息的传输提供了连接世界每个角落的机会。世界犹如一个"地球村"，互联网向全"村"传播信息完全没有阻碍，可瞬间抵达，从此，世界上再也没有孤立的角落。

互联网科技传播面向全球，完全不受文化、空间和时间等限制，打破了文化间的差异，进一步彰显了开放性的网络传播特征。著名学者马赫兹认为，全球网络的建立和信息技术的快速发展与进步，使世界正在经历一个全新的过程。网络全球化给各国政府带来了新机遇和新挑战。"地球村"的建立使得空间的界限逐渐消失，灰色地带也随之消失。随着"地球村"建立进程的推进，世界的边界越来越模糊。对于人类思想而言，在无限广阔的时空中，人类不再特别关注时空的边界，也会忽略垄断。[①]在未来网络信息的传播中，人类传统意义上的空间、边界、国界等，将会被赋予全新的含义。

互联网的全球化，使人们作为网上观众的个性变得越来越明显，并将逐渐发展成为小群体。特别是，当 Web 技术发展到 2.0 阶段，如播客、博客、微博在生活中的大量应用，在全世界受众的追捧下，分化的趋势变得越来越大，互联网个体特征也将变得越来越明显。在互联网上，公众不仅仅是自由的，其特色也变得更加明显，差异越来越大，广大消费者更加喜欢量身定制的信息传播方式和内容。例如，在互联网上各种定制化的个体需求和在线的个性化服务都盛极一时。个性化传播效率的提高，为商业运营打下了坚实的基础，有效地增强了受众的归属感和满足感。网络传播的个性化及其全球化趋势，不仅是新媒体发展的主要经济

---

① 马赫兹.世界传播概览：媒体与新技术的挑战［M］.北京：外文出版社，1997：5.

保障，也在不断拓展新媒体的生存空间。

（四）开放性

网络的即时性带来了开放性，其开放性不仅体现在信息的自由共享和技术提高上，还体现在以下三个方面。

一是更多地体现在网络格局的开放性上，即网络渠道是完全开放的。随着网络传播方式的进一步开放和多样化发展，媒体机构在行业中的地位迅速降低。随着互联网新时代的到来，世界各商业网站、各专业新闻机构，还有大批非专业传播者，都会适时发布和及时更新信息。他们会对信息的内容和方向进行合理的规划，以图将舆论的表达方式引到正确的方向上，但偶尔会有渠道受阻问题，如遇"删帖"等现象，不过干扰观众表达意见的可能性在逐渐减小。此外，在线观众的流动让受众更加多变甚至更加开放，与传统媒体相比，新媒体的受众分层没有那么明显。

二是从微观层面上来看，在网络媒体平台上交流和沟通的整个过程中，所有要素对全体受众开放。网络信息的传播主体，既包括各级专业新闻机构，也包括社会上所有网络传播者。传播的实际效果取决于受众，而受众采取"口口相传"的方式传播信息。因此，我们一定要重视受众的关键作用，以提高新闻传播的实际效果，并主动引导受众参与到信息的再传播过程中。从新闻传播的具体过程来看，传播的对象是全面开放的。受众在互联网上接收各种信息的方式、内容、时间、对象是自主且自由的，不带有任何强制性。虽然信息传播者很难把控传播效果，但其传播信息自由度已大大提高。

三是互联网上的信息通常会集中储存到数据库中，并在反复流通中供受众享用，为此，信息发布、浏览的过程通常是连续的，这充分表现出其开放性的一面。新闻报道及出版都是开放性的，其业务流程被赋予与之相匹配的特点，任何人都享有平等的发布权、浏览接收权和转发权。对于传统媒体而言，这些权利都是封闭的，传统媒体上的新闻一经发布，就不能进行修改。而互联网平台上的所有信息对公众全面开放,新闻具有可编辑性,不受时间、地域、次数等限制,发布者可随时随地进行修改,也可以随时删除发布的新闻,或用新修改的内容覆盖原内容。网络新闻作品发布和编辑等权利的开放,不仅使发布者可以不受任何限制地修改作品,也方便受众复制和修改,甚至可以做到不留痕迹。虽然网络作品的信息共享性、开放性和时效性在很大程度上方便了受众的生活,但增加了新闻传播责任的确认难度和追责难度。实际上,原作者无法控制信息发布后可能带来的附加效应。

三、网络传播的主要功能

(一)大众文化的传播

当今社会,在网络媒体诞生的同时,也诞生了大众文化,因此大众文化离开了媒体很难继续坚持下去。除了学校和家庭,媒体是人们进行价值判断的主要来源,也是人们进行社会认知的主要途径。在新媒体环境下,如果大众文化想要迅速成为社会文化,就必须借助新媒体平台,并充分利用其裂变式的传播特点。从网络传播的发展历程来看,网络的初始功能只有信息传输功能和数据传输功能,没有娱乐功能。随着互联网技术的发展,信息在互联网上的传播越来越广泛,功能也越来越强大,迅速发展成为一种全新的信息传播媒介,其影响力及经济效益空前。

互联网是一个完全开放的平台,尤其是在它释放出平等交流、开放传播等权利后,传统媒体时期的一些精英文化主动地向大众文化聚拢,这种文化创造力和科技创造力可以说是在瞬间释放。在网络传播交流平台上,广大受众可以平等地交流、自由地发表,互联网平台既培养了开拓者,又培训了一大批实验文化创造者。网络传播在很大程度上打破了传统文化的秩序和结构。长期以来,由于传统媒体市场有着非常严格的秩序和标准，且优秀传统文化自带专业光环，普通作品很难被看见，也有部分优秀作品因门槛等原因未曾公开发表，从某种程度上凸显了文化市场的专业性。而网络传播的诞生，彻底打破了这样的秩序和标准。在新媒体时代，任何人都可以上网学习、欣赏、批判作品。即使是普通人也可以通过网络传播平台达到发表目的，这对于传统媒体是无法想象的。此外，网络上流传着大量的歌曲，在广大网民的传播、转发和追捧下，有些本是"草根"原创的歌曲被奉为神曲。总的来说，网络传播技术的发展既丰富了文化市场，也促使文化生活迅速普及。

随着网络传播的互动性不断增强，传播的内容越来越通俗易懂，就连普通网民都能快速理解，受众之间可以平等地互动和交流。在互联网上，任何人都可以讲述故事，转发评论，发表意见，表达观点。网络传播的开放性特点，促进了文字信息的快速发展，让网络文化迅速丰富起来。现在的年轻人特别喜欢数字化的网络传输模式，他们可以不受时间和地点的限制，随意发布和接收浏览信息。为此，许多公司投入大量人力、物力开发适合年青一代的网络游戏，网络游戏数量持续增加，加之游戏的创作门槛相对低又方便下载，因此，在线游戏的下载量非常大。此外，借助于平板电脑、手机、信息网络和4K高清电视，产品不断推陈出新，更好地推动了网络传播新技术的发展。

（二）改变交往方式

随着互联网的发展，网络传播平台已经构建起一个虚拟的社会，它不仅创造了一个崭新的精神社会空间，也拓展了人类的生活领域，甚至改变了传统的组织结构，创造了新的交流方式和生活方式。

在网络技术的基础上发展起来的网络传播，构建了一个完整的、崭新的虚拟社会，成为现代人社会生活领域不可或缺的组成部分。它彻底打破了过去单一的物理空间，演变为虚实结合的双重空间。随着新媒体技术的不断发展，沟通交流方式越来越丰富。网络传播创造出崭新的社会网络,其以社会关系为轴心,构建了积极的社会。全新的网络传播方式,彻底挣脱了过去传统血缘关系的束缚,加深了人与人之间的互动关系,使传统的面对面交流通过媒介变成了非面对面交流。这种沟通不仅是传统意义上的"点对点",还是"点对面",甚至是"面对面"。可以说,网络传播打破了人们熟悉的传统世界。

(三)进一步推进社会民主

传统媒体的"把关人"很难认同人与人之间的偶然沟通和交流方式。在传统媒体环境下,通常是"点对面"的传播方式。随着新媒体的到来,传统媒体要想继续生存和发展,就必须依靠商业手段进行运作。然而,也正是因为过度商业化,导致部分传统媒体在商业化中渐渐失去了理性的原则,而网络传播多对多的传播形式,能使广大用户迅速地了解全部信息。此外,互联网系统非常透明,任何人无论什么身份,都可以在网上发表言论。但在虚拟的互联网世界中,人们需要睁大眼睛,具备一定的辨别能力、独立思考能力,才能辨识真假、区分好坏和明辨是非。在新媒体时代,受众拥有两种以上的身份信息,我们既是信息的接收者也是信息的传播者,既存在真实的"我"同时也存在虚拟的"我"。正如美国计算机科学家尼葛洛庞帝所说,社交媒体过去的单向传播已经开始变为双向交流,不再是把信息推送给人们,而是每个人吸收自己需要的信息,参与信息活动的创造。

网络传播丰富了信息传播渠道,而互联网的快速发展,使新媒体强有力地推进了各级政府工作方式的变革。目前,各级政府都相继构建了官方网站,也推出了公众号和博客,政府借助于新媒体工具,及时地向公众发布政策,提供一些诸如办事指南类的信息,确保人民知情权。网络传播促进了政府职能向社会公开,这充分体现了政府践行"以人为本"原则。政府信息的透明化有效提升了公众对政府工作的监督权。

网络传播是传播者和接收者之间的互动。正是互联网的不断进步与发展，促使信息的交换条件越来越成熟，信息的交换及获取越来越方便快捷，提高了学习和工作效率。近年来，全国两会充分利用互联网进行现场直播，使全体网民都能瞬间了解两会精神。同样，公众也可以通过互联网向两会代表委员提问，发表好的意见和建议或反映问题等，极大地提高了公民参政议政的积极性，行使了公民的政治权利，真正使舆论监督更有力、更全面和更有效。

（四）对社会舆论的影响

舆论以人民群众的关切为基础，是公众共同意志的真实体现。大多时候，舆论代表了某种社会愿望，也代表了社会上某一方面的民意。实际上，舆论既可以在外力的引导下形成，也可以自发形成。

有了网络的助推，信息传播速度会更快。每个普通网民都有可能成为信息传播的主体，哪怕是一条微不足道的微博信息，都能震惊世界，引起全体网民的共鸣和社会的关注。舆论通过互联网逐渐形成，在网民参与和推动下，这些舆论有时会失控，甚至产生大量的负面信息。网络传播从三个方面影响着舆论：首先，不当舆论产生的机会加大。在现实生活中，我们每个人都有权利表达自己的观点和诉求，一般情况下，若没有新的信息传播工具出现并提供帮助，大多数人很难知道自己的愿望是什么。与传统的信息传播方式相比，网络传播为全体网民提供了表达意愿的机会，人们可以自由表达个人意见。此外，网民可以建立属于自己的网站，也可以拥有自己的粉丝群。粉丝群里的粉丝可由个体变为组织者，创建相应的话题讨论组引导大量网民参与，从而产生强大的舆论力量。其次，进一步加快舆论的形成速度。舆论通常自下而上产生，在没有任何外力的帮助下，舆论的自然发展速度是非常慢的，其影响力也不会很大，只有在外界强有力的推动下，舆论才有可能形成强大的影响力。互联网在世界范围内的应用，更有利于舆论的传播。最后，舆论的控制难度加大。越是发酵了的舆论，对其控制的难度就越大，相对来说，对其掌控的意义也就越大。新传播工具的普及，加之全新的信息传播方式，对控制舆论提出了新的挑战。对于网络传播而言，传播速度快、用户众多、信息量巨大，控制舆论变得非常困难。

第三节 新媒体时代大学生思想教育工作的内涵

一、思想教育的概念

对于思想教育，国内外学术界从不同的角度进行了定义，因此并不统一和精准。但总体来说，它不仅包括政治、法律和哲学等方面的思想教育，还包括审美和道德等思想内容方面的教育。自从进入人类社会，阶级和国家出现以来，思想教育一直是社会生活中一种常见的社会活动。同时，我们知道，提高人们的思想素质是思想教育的主要目的。无论是先秦"仁、义、礼、智、信"儒家思想教育，还是当今二十四字社会主义核心价值观教育；无论是古希腊起源的斯巴达式思想教育，还是当今西方社会的价值观教育，思想教育一直是以国家的政治观点、思想观念和道德要求为基础，去教育和引导社会成员的社会实践活动，思想教育自始至终贯穿历史发展的全过程。实际上，大多数国家虽没有"思想政治教育"的说法，但其社会实践活动一直存在。从一般意义上来说，思想道德教育、宗教教育、法制教育和心理教育都可以纳入思想教育体系。不同类型的思想教育在思想内容、道德规范和价值观念的传播上存在差异。

一些学者认为，思想教育的重点在于政治教育，用一定的方法来培养人们的政治观点、政治行为和政治思想；也有一些学者认为，思想教育的内容更加广泛，它既包括政治教育，也包括法治教育和道德教育；还有一些学者将心理教育也纳入了思想教育的范畴。

关于思想教育的定义，大致有三种不同的观点。

首先，从提高素质的角度来看，思想教育是以政治教育为核心，全面开展法律教育、道德教育、人文精神教育、心理教育，有利于完善人格发展的综合性教育活动。而人格又是道德、思想、行为和心理等各方面的综合，其实质就是人类行为的基础。思想教育实际上也是一种人格教育，它的主要任务是培养健康的人格。思想教育的核心是政治教育，而政治教育是以道德教育、思想教育、文化教育、心理教育和精神教育为主要内容的综合性教育，是培养健康人格的重要途径，同时促进了人的发展和生存的教育。

其次，从教育目的的角度来看，思想教育是一项以法律教育、政治思想和文化传承等为重点的教育实践活动。从个体的层面上来讲，塑造人的精神世界是思想教育的出发点，引导和教育青年一代树立正确的世界观、人生观和价值观，从而促进"德、智、体、美、劳"全方位的发展。从社会和国家发展的层面上来讲，思想教育不但能维护意识形态的安全，铸牢主流价值观，还能夯实建设社会主义强国的思想根基。除此之外，思想教育还有利于国家的绿色发展和生态文明建设。

最后，从行为的角度来看，思想教育的主要目的是规范人类的一切行为，其实质是一项综合的教育实践活动。人的行为受理性因素和非理性因素的影响，而人的一切行为又受思想的控制和决定，因而人的意志、道德素质、文化修养能影响人的各种行为，有时甚至会影响人的重大行为。为了帮助人始终走在正路上，使其行为端正、动机纯洁和行事态度积极，必须开展以政治教育为重点，以道德教育、思想教育和文化精神教育等为辅的综合性教育。

因此，思想教育是指一定的政党、阶级、政治和社会团体、家庭或个人，依照教育的基本规律，在充分结合人的成长成才需要的基础上，以道德规范、思想观念和政治理论等，并通过互动、影响、交流等方法，有计划、有组织和有目的地对广大受教育者进行思想干预，让广大受教育者重建价值、提升知识、塑造情感和提升能力等的教育实践活动。

二、大学生思想教育的内涵

大学生思想教育的内涵是十分丰富的，它是教育者为实现思想教育的目标，对大学生有计划、有组织、有目的、有步骤地进行教育实践活动的过程。

大学生思想教育是我国在高校开展的一项教育实践活动，因此高校是我国思想教育实践的主体阵地。大学生思想教育与军队士兵的思想教育，企业对职工的思想教育、国家对农民的思想教育不同。所谓的大学生思想教育，从狭义上来讲，主要是指高校的思想教育者在马克思主义理论和习近平新时代中国特色社会主义思想的指导下，全面贯彻落实党和国家的教育方针，并结合青年一代的成长规律，以政治理论、价值立场、生活情趣、道德规范等，有计划、有组织、有目的地培养大学生，提高大学生的思想觉悟、知识储备、自律能力和道德素质，培养社会主义伟大事业的建设者和接班人的教育活动；从广义上来讲，高校的思想教育工作者和教育的主体不仅包括专职思想政治理论课教师、班主任和辅导员，还包括学校其他专业课程教师以及党政管理干部等，甚至包括后勤和实验室工作人员等。

三、对新媒体时代大学生思想教育的具体要求

（一）平等理念导向的要求

在新媒体环境下，大学生思想教育一定要以平等的理念为指导。只有在平等的前提下，教育工作者与受教育者之间的交流和对话，才能更好地激发受教育者参与和接受思想教育的积极性。如果教育工作者和受教育者之间不平等，双方就会产生一定的差距，有可能产生隔阂甚至是对抗。单向的灌输式传统教育，容易忽视大学生思维的创造性，影响其

行为的独立性，其学习兴趣和主观意识很难激发起来。新媒体具有的平等性既迎合也满足了大学生对平等和尊重的需求，对思想教育的权威性和主导性提出前所未有的挑战。[①] 思想政治教育活动受教双方之间的平等，创建了和谐共生的思想教育生态环境，既有利于双向的尊重，也有利于受教育者之间的共同探讨。思想教育中的平等观念既有利于受教育者的主体性得到尊重，也有利于提升思想教育的亲和力。在新媒体时代，我们每个人都在网络空间中拥有两种身份，一种是虚拟主体，另一种是真实主体，在交往中，这两种身份能够实现辩证的统一。在新媒体环境下，思想教育的环体和介体，为主体和客体相互之间的交流提供了平等机会，进一步激活了主体和客体的主体性，增强了主体与客体的主动性、自主性和创造性。对大学生的思想教育，必须通过一定的激励政策去引导，创新场景来激发，才能调动其学习的积极性、主动性和创造性，努力实现自我训练、自我修养和自我教育，以达到对大学生思想教育的实际效果。

新媒体时代，在大学生思想教育过程中，对教育工作者和受教育者双方之间的平等理念的落实，必须先从重视大学生的人格特征、提升大学生对思想教育的接受性入手。在对大学生进行类本质综合教育过程中，进行个性化教育和具体化教育，培养其参与意识和独立思考能力，提升其道德认知能力、判断能力和自我教育能力，从而促使其实现全面发展。

（二）开放理念导向的要求

大学生思想教育的开放性，是指随着新媒体时代的发展，必须整合思想教育的各种有利资源，进一步开拓教育渠道，畅通教育途径。在新媒体时代，教育的主体和受教育对象共生在这个开放的世界，教育介体

---

① 王焕成.新媒体环境下高等学校思想政治教育的四个导向[J].沈阳农业大学学报（社会科学版），2011（1）：41-44.

从相对固定变得流动起来,也从可控状态变得越来越不可控。教育环体需要突破现实与虚拟边界,从有限逐渐变成无限,促使思想教育能够紧跟时代发展的步伐,及时应对时代提出的各种问题。

思想教育具有的开放性特点,也体现在高校思想素养的开放性上。处于高校的青年大学生,其政治观点、价值观和道德思想等还没有完全形成,会在学习和教育中不断发展,随着环境和教育过程的变化,不断提升认知和修正个人经验。为此,高校思想教育一定不能封闭大学生的思想,必须以促进大学生思想发展为目的,并采取积极的措施和手段,引导大学生树立科学的世界观、人生观、价值观。

(三)服务理念导向的要求

高校对大学生进行思想教育的目的,归根结底是让大学生树立正确的世界观、人生观和价值观,促进其成人、成长和成功。大学生在价值观和人生观的形成阶段,应避免心理上的不适应或精神障碍,这是处于成年初期的大学生的主要发展任务。[①]在新媒体时代,对大学生的思想教育,必须突出服务理念,充分了解和把握大学生个体的实际情况,解决他们在学习生活交往中遇到的实际困难,并有针对性地做好协助和疏导等工作。

人们通过新媒体这个平台,可以全面掌握大学生的思想动态,进一步提升大学生思想教育的实效性,大力促进他们的成长。在新媒体时代,来自全世界的各种复杂信息,一方面拓宽了大学生的视野;另一方面给大学生带来了一些心理问题,严重的甚至出现忽视生命的现象。因此,在教育中要建立和健全互动体系,以便及时了解受教育者的心理状况,加强对其心理疏导教育,及时预防类似的心理问题。在教育过程中,一定要及时解决大学生的思想问题,并协助其解决现实生活中的困难,教

---

① 林崇德.发展心理学[M].北京:人民教育出版社,2005:396.

育工作者必须把对大学生的思想教育放在关心和理解的基础上，贴近大学生的实际生活，切实关心大学生的疾苦，使大学生思想教育工作卓有成效。

与此同时，在新媒体时代，现代大学生的学习方式、生活方式、交流方式和思维方式都发生了巨大变化，这些变化将直接影响价值观念、思想观念、道德行为的变化。因此，对于大学生的思想教育，必须在服务理念的指导下，充分联系大学生的现实生活，通过各种形式提高大学生思想教育的吸引力和感染力，使大学生思想教育真正发挥作用。

第二章

新媒体时代大学生思想教育工作的机遇

第二章　新媒体时代大学生思想教育工作的机遇

"任何社会都有其独特的主流意识形态,它是一个社会精神的中枢和灵魂。"[①]大学生思想教育工作的质量对我国主流思想安全教育非常重要,因此加强当代大学生思想教育工作是国家意识形态建设的重要组成部分,是维护国家意识形态安全的战略需要,是有效抵制西方资本主义国家意识形态渗透的重要保证,有利于培养合格且可靠的中国特色社会主义事业建设者和接班人。进入 21 世纪以后,在全球化的推动下,国际社会展现出纷繁复杂的一面,国与国之间的较量也从短兵相接的热战逐渐转入看不见、摸不着的新冷战,意识形态领域逐渐成为新一轮国际争夺的重要地带。我国大学生思想教育工作面临着新情况、新问题,呈现出前所未有的纷繁复杂的发展态势。新媒体时代为现代社会带来的新变化对大学生思想教育工作提出了迫切的实践诉求,也给当代大学生思想教育工作带来了新的机遇。

---

① 颜广明,王猛.当代大学生意识形态建设面临的新形势[J].华北电力大学学报(社会科学版),2011(2):130-134.

第一节 新媒体为大学生思想教育工作提供了广阔的建设空间

一、新媒体为大学生思想教育工作提供了新途径

（一）手机开创媒体新时代

杨春兰在其文章中提到："如今的手机已不再单单是通信工具，它还担当起了'第五媒体'的重任。"[①] 本书对她的观点表示认同。对手机传播的研究不外乎对政策支持和运营模式的探索，有的学者把研究重点放在手机的运行模式上；有的学者则把研究重点放在手机媒体与传统媒体之间的广告互动上，认为无论是从政策上来说还是从技术上来说，手机媒体都将在很大程度上成为新一代媒体传播工具。手机的发展不仅限于性能、外观等方面，能否适应现代科技的发展是手机发展战略的重中之重。对于手机的发展趋势，有学者提出了不同的看法，现代社会的发展需要新媒体的支援，手机作为代表为大多人接受并充分认可，相信手机就是科技引领生活的"代言人"，但是手机的发展并不一定一帆风顺，毕竟传统媒体没有完全退出历史舞台，受到传统受众心理的影响，手机也不是被所有人认可。手机媒体作为"第五媒体"被广大群体尤其是像大学生这样愿意接受新鲜事物的群体接受。智能手机的广泛运用足以证明这一点，智能手机已经不知不觉走进了人们的生活，并且成为人们生活中不可缺少的工具。和传统手机不同的是，新媒体时代的手机功能已经不仅仅限于打电话、发短信等，智能手机的出现在很大程度上缩小了传统手机与计算机的差距，在大学生群体内部，不会使用智能手机的人会被当作异类，手机已经在大学生心理上占据了不可动摇的地位。当前，

---

① 杨春兰. 手机与他媒体谁是待嫁的新娘［J］. 传媒，2005（12）：17-18.

科技的不断发展促使新媒体时代到来，在新媒体工具方面不得不说智能手机为我们的生活带来了极大的变化。人们的生活已经和手机融为一体，对手机的依赖程度变得越来越高，很多人不敢想象如果失去手机生活将会变成什么样子，许多人出门不带手机就会觉得心里发慌。我们的生活处处离不开手机。例如，想购物，打开手机客户端，淘宝、京东等购物平台应有尽有，我们需要的各类商品琳琅满目、一览无余，我们想要什么，只要选中加入购物车，然后付款，就等着快递上门了；想出门旅行，打开地图应用，出门的路线，以及各个景点的评分都呈现在眼前；外出看见美丽的风景，马上拍下来，经过图像编辑软件的优化，一张意境十足的纪念相片就生成了。我们对于信息的需求是天生就具有的社会属性，"八卦"就是这个社会属性的最好体现。如果生活在一个群体内却不能传递信息，那么这个群体就不叫作群体，"老死不相往来"从根本上看不是社会的特征。生活在社会中的人，对于信息的需求不亚于对事物的需求。人们通过信息交流可以拓宽眼界了解世界发生的变化，如果人与人之间互相交流一种信息，两个人就会拥有两种信息，拥有群体性需求，孤立、信息不畅是非社会性的特征。信息能够消除人们的不确定性，报纸、广播、电视媒体等每天报道大量相关新闻，使人们很好地了解世界上正在发生的众多事情，人们可以真实了解世界的千变万化，通过充分了解信息帮助人们消除对信息的不确定性。但是非官方渠道的信息会将信息传递变得杂乱无章，加剧信息的不确定性，我们需要警惕这些类似信息的恶意入侵。用手机上网可以带来很多便利，与计算机相比，手机具有的优势很多，如体积小、可移动、便于携带、价格便宜等，因此用手机上网的人越来越多，从而能够迅速、及时地满足人们的信息需求。手机信息载体比报纸、广播、电视信息载体在传递信息上更具优势。当下手机已经成为我们生活的必需品，这得益于新媒体时代带来的变化。我们不再像以前那样为拥有手机而自豪，却会因为没有手机而感到震惊，对没有手机的人感到不可思议。因此，我们在公共场所经常可以发现"低头族"。这里的"低头族"并没有贬低的意思,而是说明人们对手机的依赖性越来越大。生活中出现过很多关于手机的有趣现象,例如,人们到餐馆就餐或是去咖啡厅喝咖啡,几乎所有人都会先问店里无线网的密码。智能手机的出现改变了当今人们的生活方式,我们不得不承认,只要有人的地方就会有网络。

(二)博客颠覆传统的传播方式

自从 2002 年博客正式登陆中国以来,学术界一直在对其进行研究。随着博客的不断发展,研究也不断深入,研究的角度和方法越来越多样化,使得许多研究者对其充满了信心。互联网的不断普及拓展了信息爆炸的广度和深度,"信息爆炸的互联网也的确需要具备信息收集、阐释、整理能力,同时提供个人想法的信息收集者,无论是否走向商业道路,无论是否代表个人或机构或政府组织,博客们有望成为公众的网络信息代言人"。[1]有学者分析了传播过程中的传播者,认为博客实现了多重传播效果,即"横跨人内传播、人际传播和大众传播 3 种类型"。[2]当然,也有学者指出博客传播者的传播动机与"外部环境的挤压、内心需求和经济利益的驱动"等因素有关。博客作为新的信息传播工具已经逐渐被大众接受,拥有博客已经成为时尚的标志。博客的出现也丰富了信息传播的形式和方式,人们似乎更愿意使用博客来表达自己的想法,博客对于人们具有了其他方面的意义。我们不能忽视博客对于梳理信息爆炸的新功能,因此,我们更要重视作为传播信息渠道的博客对于官方信息传播的积极作用。博客作为思想教育工作的媒介也是政府依赖的主要传播工具,官方博客的存在要面临非官方博客信息的不断挑战。在从传播学角度对博客的研究中,有学者总结了博客的传播模式及传播性质,认为

---

[1] http://news.xinhuanet.com/2010-06/11/c_12210414.htm.
[2] 雷成.中文博客研究[D].昆明:云南大学,2006.

"博客突破传统的网络传播,实现了个人性和公共性的结合",①改变了传统信息传播的模式,网状传播代替了自上而下的传播方式,传播受众对于信息的传播拥有及时表达的渠道,传统信息的传播方式也由自上而下变为双向互动。但是对于博客的自由问题,有学者表示了自己的担心,他们认为,博客的即时性、自主性、开放性和互动性为人们提供了一定程度的话语自由,这种自由颠覆了"把关人"的概念,但事实上,博客世界里的自由同时带来了很多负面的东西,需要网民有自律的意识。从积极方面来说,信息网络将使我们很好地实现分享信息、结合智慧、相互沟通,组成全球性的一个大社区。网络传播以及信息新媒体开创了各民族文化交流、思想融合和文化战争的新时代。就我国当代大学生思想教育工作来说,网络的飞速发展加快了各种思潮和价值观的传播速度,使各种思潮和价值观念得到广泛传播,丰富了思想教育工作的内容,传统的被动式接受教育方式变为主动参与思想交流,人们可以通过这种渠道毫无保留地表达自己心里的想法,为大学生思想教育提供了源源不断、丰富的资源,为思想教育工作的方法和手段创新提供了条件,有助于打破旧体制下形成的旧套路,进一步探索高校主流意识形态建设和教育的新机制,探索意识形态教育、管理的新手段新方法,使意识形态宣传教育手段更加多样化、直观化、形象化、现代化,切实提高思想教育工作的实效性和针对性。从消极方面来讲,信息爆炸的时代要求信息"把关人"高度警惕不良信息的进入,信息的传播已经摆脱了传统媒介的束缚,形式、渠道多样且迅速是现代信息传播的重要特征,我们足不出户尽知天下事的时代已经到来,但是如果我们一味地相信网络传播的信息就会中了意识形态渗透的圈套。涉世未深的大学生群体对于新鲜事物来者不拒,缺乏辨别信息是否正确的能力让人担心,许多裹着华丽词语却带有

---

① 王寒.博客:传统的颠覆还是传统的延续:从传播学意义上看博客与传统媒体的关系[D].长春:吉林大学,2004.

意识形态色彩的信息需要"把关人"及时进行筛选，否则会出现大学生群体被虚假信息迷惑甚至洗脑的现象。新媒体时代的到来为思想教育工作的开展提供了新的载体和平台，为思想安全教育的传播提供了更加广阔的空间，在丰富思想安全教育传播手段的同时也对我国的思想教育工作构成了威胁。

二、受众生活方式的变迁

随着新媒体的迅速发展，社会生活发生了巨大变化，这种变化可以概括为：首先，媒体生态系统发生了前所未有的巨大变化；其次，新媒体影响了受众的政治生活，广大受众可以参与到民主政治中，增强了大众对于网络危机传播的应对能力，改变了其日常生活方式。

（一）受众参与政治生活的机会增加

新媒体在我国推进民主化的进程中起着十分重要的促进作用。受传统媒体的影响，广大受众只能通过广播、电视、报纸等官方媒体了解信息，由于受到"把关人"的制约，人们对于信息的真实性和客观性持相对怀疑的态度，久而久之受众对于官方的信任度出现"赤字"，广大受众与官方政府存在一层看不见的"隔膜"，"隔膜"和"信任赤字"的存在对于政府的工作是非常不利的。新媒体的出现和快速发展使这样的问题得到了缓解，很好地保护了受众的知情权，政府相应的活动得以呈现在广大人民面前，让人民更加深入了解政府的活动。广大受众可以借助多种新媒体手段，了解政府对于热点事件的态度、对策，并通过合理的方式与政府探讨政治问题，新媒体为政府了解民意、解决实际问题提供了更加方便的途径。从受众的角度来看，上述方式加深了受众对于政府的了解，保障了受众主人翁的地位，让大家体会到当家作主、参政议政的优越感，拉近了大众与政府部门、政治领导人之间的距离，受众同政府之间的"隔膜"虽然没有完全消除,但是已经在一定程度上得到极大的改善,政府与大众的关系相对稳定。为改善民众对政府部门的"信任赤字",新媒体工具给受众提供了更全面的政治信息,受众参与政治进程的机会也得到增加。当下,政府部门开设办公官网已经成为一项常态化的工作,政府机构通过相应的网站发布一些政策事务方面的消息,从中也提供相关的服务内容,方便广大人民及时地了解政府的动态。例如政府倡导的"打虎"行动产生了意想不到的效果,广大人民积极建言献策,时刻关注着这些"大老虎"的情况,当看到一个个"大老虎"落马时,广大人民给予了前所未有的关注,体现了人民对于国家政治生活的持续关注。在 2014 年两会期间,有 203 名人大代表、政协委员借助微博这种新媒体及时与受众互动,广泛征求和收集民意。每年 3 月上旬,很多相关网站会充分调动网民们的积极性,不仅有"我有问题问总理"栏目,还有"网络提案"等内容,形成了"网络问政"两会之风。政府官员根据公众提出的问题设置议程,通过网络收集民意,对政府决策产生了极大的影响。[①]

(二)受众应对危机传播的能力增强

现代社会的发展给我们提供了许多机遇,也带来了一定的负面影响,我们在享受发展成果的同时也伴随着许多危机。生态环境的破坏和不断恶化、食品安全问题、人们的道德素质败坏等,都对社会稳定造成威胁,其中网络危机传播近年来成为热点话题。中国政法大学新闻传播学院的金进、洪瑾、郭抗抗在《网络媒体在危机报道中的优势与问题研究》一文中提出了网络危机传播具有以下特点:反应迅速,传统媒体无法比拟,消息来源渠道多,"草根"报道发挥重要作用,互动性更强,信息更新速度更快,整合能力强,多形式全方位发挥影响力。[②]危机的特点是突发性

[①] 甄石.新媒体时代受众生活的变迁[J].青年记者,2015(6):70.
[②] 金进,洪瑾,郭抗抗.网络媒体在危机报道中的优势与问题研究[J].北京理工大学学报,2009(3):104-108.

和不确定性，广大受众对于这类信息表现出极大的渴望和需求，大家都希望能在第一时间了解危机事件的真相，相关媒体对危机的报道形成了危机传播的主体。在新媒体时代，任何政府部门和工作人员不可能彻底封锁信息，而受众对于政府封锁信息的做法是相当反感的。面对危机事件，许多专业人士会参与其中，现在受众也希望能够充分了解危机的原委。新媒体的出现，使受众在危机事件中获得了一定的话语权。新媒体为危机报道提供了更多的形式，专业人士通过多种传播渠道、多样的新闻叙述方式，以网状的传播形式向受众传达信息，信息传播者与受众之间可以及时进行互动，为危机传播提供了向良性方向发展的可能。如中、日两国出于历史原因，加上近年来钓鱼岛事件，关系十分紧张。然而，在 2011 年 3 月 11 日日本爆发大地震和特大海啸时，有些不良媒体在境外势力的操控下，大肆渲染中日矛盾以及主权问题，妄图通过此类事件挑起事端。我国受众在通过相应的新媒体渠道认真了解灾难真实情况后，暂时抛开历史因素，从人性的角度出发给予日本灾区很多帮助。受众对待日本地震的反应是基于人性的层面，通过新媒体对灾难有了全方位的了解，在了解到灾难经过后作出人道主义的选择。虽然许多恶意信息不绝于耳，但我国官方的新媒体平台始终是公众舆论的风向标，经过不断的发展已经可以做到及时筛选不良信息，还大众一个真相。新媒体在面对危机传播时，及时为人们提供正确的舆论导向，是其强大生命力的体现，也是受众最"信赖"或"喜爱"的信息传播方式。

（三）受众的日常生活方式发生改变

新媒体使人们日常生活方式发生了深刻变化，改变了人与人、人与社会传统的机械沟通方式，同时也改变了社会的模式。新媒体工具的种类不断增加且数量庞大，其传播功能也随之增强。传统媒体和受众之间的机械性关系，也渐渐转变为主动提供和主动需求的关系。新媒体的快速发展，衍生了许多交流工具，使消费更加平民化、大众化。其中，数码产品的不断更新发展，改变了很多人的传统工作方式。例如，开网店、做微商等成为当代大学生兼职的新兴方式，许多网友通过微信、微博建立新的身份，组建新的社会关系，传播新的文化。新媒体环境下的人际关系呈现出扁平化特征：交流方式趋于平等，熟人交往淡漠化。一方面，无论辈分、职位高低，所有成员在新媒体环境下都可以直接建立联系，交流沟通方式更趋平等，新媒体具有的高度直接性与话语表达的迫切性相契合，为公民的知情权、参与权、表达权和监督权的行使奠定了现实的技术基础，也使网络参与主体的平等性趋于广泛化，这是人际关系扁平化的浅层表现。另一方面，新媒体技术逐渐成熟，浅层次的关系网络在陌生人之间更易建立，社会生活正在从熟人社会向陌生人社会转变，看起来人们似乎更加注重与陌生人之间的交往，这使得与熟人的感情联络被忽视弱化了，人与人之间的了解越来越片面，更愿意与多数人浅层社交，而非与少数人深层交往，熟人之间的交往关系越来越淡漠，这是人际关系扁平化的深层体现。淘宝的出现使得人们传统的购物习惯发生了巨大变化，实体店与网店的竞争日益激烈，也成为人们逐渐热议的话题，以2016年"双11"为例，根据阿里巴巴集团公布的数据，"双11"全球狂欢节现场的屏幕不停滚动，在24小时的时间里，数字从0到1207亿。仅14分钟就打破了2012年的纪录；1小时打破了2013年的纪录；6小时54分打破了2014年的纪录；2015年的15小时19分纪录被甩在身后。互联网打造的"双11"活动，使人们的购物方式从"过节"转变为"造节"。微博的出现让人们可以进一步了解自己希望关注的名人，社会性网络服务（Social Networking Services，SNS）改变了交友观，"偷菜"改变了娱乐观。这充分证明，由互联网以及手机终端等新媒体引发的社会变革，正在快速广泛发展，广大受众的日常生活受到越来越多的影响，改变着大众的生活方式，促使人们养成新的习惯。

"中国特色社会主义事业是在不断探索中发展前进的，特别是在总结实践经验和历史教训中发展进步的，新媒体时代社会发展中的实践经验是我们进行高校意识形态安全工作的宝贵财富。"[1] 新媒体为不同社会制度的国家（地区）之间在各个领域的接触、对话和交流提供了基础性平台，有助于推动我国与其他不同社会制度、不同意识形态国家（地区）之间的相互联系、相互了解和相互借鉴。就我国当代大学生思想教育工作来说，新媒体背景下各种思想教育的交流和对抗现实，新媒体中多元化意识形态的并存、相互交流、相互对抗的局面，在一定程度上增强了大学生对马克思主义主流思想的认同感，对高校思想教育工作创新提出了更高、更现实的标准，对高校思想教育工作的深入开展提出了新要求，为主流意识形态建设和教育创造了有利的条件和良好的机会，提供了丰富的时代内容和多层次的文化、思想平台，为我们提供了学习和借鉴西方意识形态建设先进经验的平台，有助于我们的思想教育建设开阔视野、打破禁锢和解放思想，吸收新媒体时代的合理养分丰富自身，学习和借鉴各国对意识形态的教育、管理手段和方法，积极进行自身变革，促进高校对社会主义意识形态建设的新机制、新方式、新载体、新内容的研究。新媒体传播方式是广泛和虚拟的，属于所有人对所有人的形式，存在多个传播点，可以实现双向沟通和多向传播。新媒体与大学生之间的亲密接触，正在逐渐改变他们的学习、生活、行为、思维方式和价值观念等。目前，我国高校上网人数几乎达到高校学生数的100%，其中90.5%的大学生将互联网作为重要信息获得渠道。随着5G时代的到来，手机的媒体功能更加丰富，利用QQ、微信、微博、抖音等发送信息呈现爆炸式增长。有专家指出，互联网、手机等新媒体的超常规发展，以及新媒体具有的个性化、群体化、同步化、交互化等典型特征，给高校大学生思想政治教育带来了新的机遇。[2]

---

[1] 王永贵.经济全球化与我国社会主流意识形态建设研究[M].北京：人民出版社，2010：32.

[2] 周琴.新媒体给高校思想政治教育带来的机遇与挑战[J].中国报业，2011（14）：133-134.

第二节　新媒体发展为网络传播环境带来的机遇

新媒体刚出现的时候相对弱小，引起人们的关注点不同，人们对于新媒体认识的程度也不相同，极少数人意识到新媒体的出现将会为传播环境带来变革。随着时间的推移以及经济的迅速发展，新媒体得以快速发展。新媒体作为一种全新的现代化传播方式，只用了不到 10 年的时间就拥有了广大受众群，这是传统传播方式发展几十年才拥有的数量和规模。新媒体能够迅速及时地提供大量信息，受众可以随时随地接收各种信息，人们不用再像以前一样仅仅依靠传统传播方式带来的信息了解外界，新媒体内容丰富、互动性强是传统媒体无法企及的，对传统媒体的传播方式和依赖程度造成巨大冲击。而且，新媒体的内容已经成为传统媒体重要的信息来源，在 Web2.0 时代，千万个"草根"记者在发挥价值，简易信息聚合（Really Simple Syndication，RSS）、搜索等技术的不断发展，让大量"草根"的观点获得展示和发表。通过新媒体工具可以将自己的观点发布到网络上和别人互动，改变了传统受众对于热点事件不能及时表达观点的"哑巴"状态，方便官方在处理热点事件时及时地听取广大群众的意见。

一、新媒体打破了传统网络传播格局

新媒体的出现改变了传统媒体长期占领传播途径的霸主地位，对传统媒体的冲击巨大，传统媒体在很多方面已经为新媒体所取代。例如，传统媒体在发行量、收听收视率、经营收入、受众结构、受众阅读习惯等方面都发生了前所未有的变化，在一定程度上退出与新媒体的竞争。新媒体中以互联网为代表的数字技术使"全民写作"成为可能（如微博和公众号的出现），这种崭新的交流和共享方式，使人们可以随时随地发

现身边的新鲜事，同时可以随时随地将自己身边的新闻快速地公布到网上，不知不觉地就形成了一种新的新闻传播方式。这样的新闻传播方式极大地丰富了人们了解世界的渠道，在一定程度上打破了已经被固定化的传统传播领域。

事物的发展会体现出两面性，数字技术和新媒体在为人们带来机遇的同时也分化了传统媒体与新媒体的受众。不过，我们不能错过新媒体发展所带来的机遇。媒介生态学把世界看作一个生态系统，媒介作为生态系统中的一个组成部分，同其他系统之间相互影响。媒介生态系统的基本构成要素包含媒介系统、社会系统和人群系统。媒介生态系统中的各项要素影响着媒介的发展，而媒介的变化也反作用于媒介生态系统。媒介系统与社会系统之间互动，媒介系统的内部要素之间互动，这些纷繁复杂的互动关系导致了信息、能量、资源的交换、交流与共享，最终导致媒介生态环境中各系统的相互影响和相互构建，其中主要媒体的变化起着重要作用。[①] 传统媒体面对新媒体的冲击并没有一成不变，随着时间的推移也在不断地发生变化，传统媒体与网络媒体、移动媒体等不断融合，在达到良性互动的同时也标志着中国传媒环境发生了巨大变化，信息传播的渠道不断拓宽，打破了传统媒体对于信息传播方式的垄断，舆论的走向逐渐大众化，信息源从传统的官方传播主体逐渐扩大到公众层面。新媒体的出现改变了信息传播的形式，也更新了人们交往的方式，远在他乡的人们不必再像以前那样仅仅依靠书信、电报等传统方式和家人沟通，现在的人们可以随时和家人保持视频连线，人际交往过程中"加微信"已经取代了以前发名片的交流方式。大量的信息可以大范围地传播，传播者的大众化以及人们即时通信的特点，让新媒体在这个时代成为无可替代的新事物。所以，新媒体的迅速崛起，是时代发展的必然产物，也是社会发展的必然趋势，新媒体的多种特点体现了其顽强的生

---

① 李欣. 当代中国语境下的媒介权责研究 [D]. 济南：山东大学，2013.

命力，对传统媒体产生了极大的冲击。世界媒体实验室发布的《2007新媒体产业发展五大趋势》称，新媒体"对传统媒体冲击加强，替代趋势加速"。新媒体和传统媒体两者在发展过程中都不能完全脱离对方。美国总统的选举历来是世界政治格局的重要部分，2016年美国总统大选结束，其结果出乎意料，没有什么从政经验的特朗普战胜了从政经验丰富的希拉里，这种结局的背后，新媒体的作用不容忽视。特朗普在美国是一个标准的"网红"。有报道称，从他参选总统开始，他在社交媒体上的人气就很高，推特粉丝就有1030多万个，脸书粉丝990多万人。相比之下，希拉里只有约778万个推特粉丝、约480万个脸书粉丝，远没有特朗普粉丝多，特朗普充分利用社交媒体的传播平台，进行了一次成功的政治营销。

二、新媒体改变了传统网络传播生态

相对于传统媒体，新媒体可以随时为人们提供各种各样的信息，人们对于各种各样的信息可以表达自己的观点和看法，许多热门评论还可能引起大家的共鸣，人们表达感情的渠道不断拓宽，个人情绪可以及时得到排解。例如，QQ软件中的漂流瓶，使人们可以在超视距的情况下进行交流，这样的交流方式吸引了更多人的关注，人们更愿意接受新鲜的交流方式。而传统媒体还是按照固定的时间和方式提供资讯内容，人们每天要固定在某个时间段获取新闻资讯，对于人们的生活习惯存在一定的束缚。例如，报纸依旧是按照固定的版面进行排版，电视报道内容依旧千篇一律，并且带有一定官方色彩，人们无法对事件真相作出真实的判断，受众不能按照自己的习惯来获取想要的信息。在美国，很多选民不再观看或很少观看电视，因此社交媒体越来越成为人们获取政治信息、参与政治讨论的渠道，这也调动起了年青一代参与政治的积极性。新媒体的各种信息，让人们的注意力转移到传统媒体之外的资源上，传统媒体的渠道霸权已经变为信息过剩，了解信息的方式不再是依靠报纸和电视报道。新媒体展现出的魅力使传统媒体的受众出现了分流，新媒体的受众所占比例越来越大，传统媒体的使用率集中下滑，人们更愿意去享受集视觉、听觉于一身的智能电子产品带来的方便，对于听广播、看电视不能及时保存自己想要的信息而言，智能手机充分解决了这个问题，使新鲜的、有趣的、具有代表性的、吸引眼球的信息可以及时保存和分享。网络的普及更是帮助人们实现了这个愿望，网络的便捷可以帮助人们在任何时间、任何地点通过自己想要的方式进行阅读，也可以借助于网络获取自己想要的各种信息。根据皮尤中心的相关调查，在社交媒体上获取大选消息的美国成年人占24%；相较之下，从候选人的官网或者邮件中获得信息的美国成年人仅有15%。当手机实现上网功能后，网络视频化导致人们阅读报纸的兴趣下降，报纸的发行量面对网络信息变得不堪一击。人们的观看习惯也随着网络的发展而改变，现在更愿意用网络来观看视频。尼尔森收视率调查机构的数据表明，有计算机但没有电视的人比有电视的人看电视新闻多，这也体现出，相比于电视，越来越多的人更愿意接受其他媒体形式。电视节目可以及时在网络上更新，节目的外在设置功能可以按照观众的想法随意选择，面对固定化的节目形式和个人自由选择的节目形式，受众的倾向性是非常明显的。

三、新媒体为网络营销提供更多的可能性

新媒体可以提供多种多样的渠道，使人们从中更方便地获取政治参与信息，让越来越多的公民参与进来。首先，获取信息的方式或者手段在新媒体平台上得以丰富和发展。一般而言，具有上网能力的公民都可以通过新媒体这个平台及时掌握许多重要的事情和与之相关的动态事件，同时，针对相关事件发表一些看法、意见、建议等，也可以通过各种搜索网站查找到自己想要的信息，浏览时政要闻。其次，新媒体平台不断

提高政治参与的运行效率，为公民表达自己的利益诉求提供便利。现如今，国家正大力发展"互联网+政务服务"，将打破政务信息的壁垒，信息共享将得到很好的实现，有效维护公民的知情权、参与权、表达权和监督权。最后，通过新媒体，公民可以搜集多种多样的政治信息，这些政治信息包括不同国家、不同历史时期的政治信息，在不同国家相关信息的比较中强化公民的信心，有利于公民更加理性和客观地看待、分析政治事件，有序地参与政治生活。

目前，"两微一端"等新方式成为越来越多公民表达自己利益诉求的渠道。各级政府通过建设政府的门户网站、开通微博和微信官方公众号等方式，实现虚拟和现实的政治参与有效结合，为公民提供更好的政治参与渠道，促进公民政治参与。基层民众主要政治参与方式是信访和监督，与传统的信访和监督相比，新媒体具有开放性和便捷性的特点，这有助于基层民众更好地行使信访权和监督权，有利于政府与公民积极沟通，使有公民参与的政治制度不断完善。

第三节　新媒体的发展为高校思想教育工作提供了新的思路

恩格斯曾指出："技术在很大程度上依赖科学状况，那么科学却在更大的程度上依赖技术的发展和需要。社会一旦有技术上的需要，这种需要就会比十所大学更能把科学推向前进。"[①] 思想教育工作作为思想领域内的工作同样是社会科学的重要组成部分，思想教育工作的进展也依赖于当时社会科技发展的状况。报纸、杂志、电视、广播等途径是传统思想教育工作的传播实践平台，相应地，主流教育理论的思想发展也主要

---

① 马克思，恩格斯.马克思恩格斯选集：第4卷［M］.北京：人民出版社，1955：731-732.

是在这些传统的宣传平台反馈的基础上进行发展与创新。"理论的发展需要交流与互动,需要讨论与碰撞,但是传统的理论平台远远满足不了这些需求。而互联网时代的到来则为社会主义意识形态理论的发展与完善提供了新的渠道与空间。"

新媒体时代网络已成为人们生活中不可缺少的重要组成部分,在使用网络的过程中,关于那些互联网用户的大数据就产生了。与传统数据相比,移动互联网可以对后台记录的用户数据进行分析,根据个人的兴趣爱好"推荐"内容,下次访问时就可以直接出现在用户眼前。

目前,由于互联网大数据在商业领域被较为广泛地应用,于是就产生了巨大的商业价值。

在新媒体时代,微信、微博等在大学生群体中覆盖率越来越高,其应用范围也在不断扩大。有些学者对新媒体的大数据在高校学生管理及思想教育工作方面的应用进行了初步设想。目前,国内教育行业大数据应用的思路仍然处于探讨和研究阶段,虽然大数据在个人信息泄露、道德伦理等方面的问题比较突出,但是相信将来大数据在教育领域会有更好的发展以及表现。

通过大数据平台,把学生的学习场所从传统的课堂扩展到了网络空间,使高校思想教育不再停留在传统思想教育课堂上,而是通过网络全方位地渗透到学生的生活中,这就进一步延伸了高校网络思想教育工作的时间和空间。通过对师生学习的数据、行为的数据等信息进行研究和分析,实现数据可视化,并挖掘出数据背后隐含的信息,根据学生的心理特征、个性特点制订相应的学习计划,利用好传统课堂与网络课堂相结合的优势,从而优化教育的教学质量,扩大思想教育工作的覆盖面。

新媒体网络平台的发展和庞大的网民数量,使互联网逐渐成为思想教育工作中不可忽视的一个重要工具,成为高校进行思想教育工作的主要平台,思想教育工作的途径不再仅限于传统的传播方式,如报刊、宣传栏、讲座、思想政治理论课及各类加强主流意识形态影响力的活动。

在信息化时代，我们可以充分利用现代化的科技手段开展思想教育工作，促使高校在时代潮流的发展中不断改进工作方法、创新思想教育工作方式。例如，近年来，特别流行的抖音、快手等短视频娱乐软件，吸引了众多用户，传播的各种舆论观点快速发酵，形成一个极大的舆论场。为了更好地加强思想教育建设，引领社会意识，包括各级党政机关、各大新闻媒体和高校都开始陆续入驻抖音，以短视频的方式发布官方信息，宣传社会主义核心价值观，这种诙谐而幽默的传播方式打破了思想理论教育留给人的枯燥无味的印象，受到广大学生的欢迎，在无形中筑牢了主流意识形态的主导地位。除短视频外，还有各种各样依托新媒体应运而生的思想教育途径，如微信的公众号、订阅号，微博，学习强国等，将思想教育理论通过各种途径渗透到大学生的学习和生活中，使大学生的"三观"受到潜移默化的影响。同时，也有利于丰富思想教育工作的内容，使思想教育工作不再局限于课本，也不再局限于本校教师，可以共享互联网上优质的思想教育资源。

总之，随着现代科技的快速发展，新媒体科技也逐渐渗透到教育领域。这一新技术可以有效呈现教学内容，创设教学情境，调动学生的多种感官功能等，使学生的学习更加直观、形象、生动。因此，一些地区、一些学校、一些教师对新媒体教学技术非常看好，甚至将新媒体教学的运用列入评课标准之一。利用计算机新媒体进行教学，可以很好地实现因材施教。因材施教要求教师从学生的实际情况出发，在教学过程中根据学生的年龄特征以及个性差异，有针对性地进行教学。集体教学一般取决于教学内容以及进度上学生的平均程度；通常一个教师做不到个别教学，但是利用计算机就可以有效完成大量个别化学习所需的内容，这可以大大提升教师的工作效率，而且学生可以按照自己的进度进行学习，这样能很好地调动学生学习的积极性，有助于培养学生的思维能力和解决问题的能力。新媒体教学技术的运用在一定程度上已经取代了传统教学方式，但是传统教学方式在我国高校并没有完全退出历史舞台，在高校数字化教学的过程中依稀可以看到传统教学方式的痕迹，但这仅仅是少数现象。相比于传统媒体，以互联网为代表的新媒体以它的实时性和便利性使资源共享变成了现实。互联网上的资源极其丰富，门类齐全，能为大学生思想教育工作者提供很多新的知识和现实材料。大学生思想教育工作者能够很快搜集、整理到典型范例和案例，并将其运用于教学和工作中，使思想工作的实效性大大提高。① "在新技术的使用方面，教育者的脚步落后于受教育者。"北京理工大学马克思主义理论教研部李林英老师说。新媒体时代大学生思想教育面临着全新的局面。面对新媒体的挑战，高校思想教育的主体和客体——大学生和高校教师，他们依赖的原有教育制度环境已相对滞后，对新媒体环境下的高校思想教育工作缺乏前沿认知。传统的思想教育，大多是通过课堂、辅导员老师与学生面对面地沟通，党校和团校的实践活动进行。但是，如今大学生每天的时间中一多半都与"新媒体"相伴，传统的教育方式与大学生的生活方式显得有些疏离。② 当前对新媒体教学方式的重视程度已上升到国家层面，英国总领事馆文化教育处在2009年12月发布了关于全球学生留学决策调查，2006—2009年大众传播课程都在最受欢迎的五大课程行列中。2010年3月27日，欧文国际教育集团与英国伯明翰传媒学院举行了签约仪式，其目的是适应高等教育新媒体教学新形势。伯明翰传媒学院是英国为数不多的影视传媒行业资格认证委员会成员之一，教学质量很好，研究力量也十分雄厚。首先，学生在国内完成部分课程的学习；其次，完成国内课程并获得相应学分的学生可以通过国际学分转移系统，直接进入伯明翰传媒学院完成后续课程，这样就可获得英国本科和硕士学位，有助于广大中国留学生学习该专业。

---

① 吴惠. 新媒体：新机遇与新挑战 [J]. 中国高校社会科学，2009（7）：41-42.
② 周琴. 新媒体给高校思想政治教育带来的机遇与挑战 [J]. 中国报业，2011（14）：133-134.

一、新媒体教学方式走进课堂

我们生活在新媒体时代，网络技术的不断进步已经具备改变传播事物的能力，作为改变传统教学模式的主要力量——新媒体已经走入课堂并成为学生津津乐道的教学工具。现代信息化教学简化了教学过程，许多传统的教学方式和方法已经退出学生的视野。思想教育理论的教学内容被大学生冠以枯燥的头衔原本是无可厚非的，因为大学生只看到知识理论的枯燥面而忽视了它的重要性，这也是加强思想教育工作过程中必须注意的问题。利用新媒体教学技术在很大程度上缓解了这个矛盾，新媒体技术可以在丰富教学内容的同时进一步创设教学情境，帮助大学生将注意力转移到课堂上，促进师生在课堂上的积极互动，帮助教师顺利地将思想教育理论知识传播给学生。

（一）对教师的改变

新媒体改变了教师的备课方式，集体备课不断出现在高校思想教育教师备课的形式中，教师在备课的过程中相互取长补短，达到备课最优化的效果。课后，教师也可以通过教学微博等公众平台进行交流、反思。新媒体的出现不仅丰富了思想教育教师的备课资源，也丰富了教师在教学过程中的教学方式，改变了传统的耳提面命式教学方法，重构师生关系，将课堂氛围由传统的"死气沉沉"变为现在的自主探究。学生从被动接受变为主动要求，教师从原来的灌输者变为现在的协助者，学生和教师是平等的关系，学生更愿意接受本身不愿意接受的东西。

（二）对学生的改变

传统课堂是以教材为主，学生与教师的交流仅限于教材上的知识，交流的方式也仅仅是提问与回答，这样的教学方法会大大束缚学生的创造性和主动性，仅仅凭借教师的讲解不能达到使学生深刻理解的目的，传统"灌输式"的教学方法已经不适应现代教学模式的发展。新媒体教学方式走进课堂改变了传统课堂以教师为主的情况，学生成为课堂的主人，新媒体为教师的课堂带来了视频、音频、动画等新的教学形式，极大地激发了学生的想象力和创造力，为培养学生的创造性思维提供新的渠道，课后还可以通过知识交流平台交流学习心得和体会，对巩固和扩充知识起到积极的作用。新媒体在丰富教师备课资源的同时也极大地丰富了学生的学习资源。大学生可以通过网络等新媒体很好地了解世界各地发生的事情，了解相关专业领域最前沿的知识，并可以通过网上论坛、博客等形式进行及时讨论和交流。学生能获取更多知识和信息，从不同视角分析问题，理性分析能力得到提高。例如，新冠疫情发生后，大学生第一时间通过网络了解到相关的情况，积极响应国家的号召，做好防疫工作，担任各类志愿者，体现了青年人关心国家、勇于担负责任和积极奉献的精神。新媒体可以为大学生思想教育提供丰富的、能便利获取的教学资源，同时也拓宽了大学生及时了解时事、认识社会发展的渠道。

（三）新媒体教学方式对师生关系的影响

传统传播形式以轴状、单向互动为主，包括政治演说、政治新闻、政治公文等形式，传播对象多以被动接受为主，传播主体不能及时地接收到传播客体的反馈。新媒体时代的网络传播改变了以往的传播方式，以网状、双向互动代替了单向互动[①]，传播客体可以及时有效地与传播主体形成良性互动。这既为现代网络传播提供了全新的土壤，也带来了全新的挑战，如果传播主体不能有效地控制传播信息的正确性和导向性，那么传播客体会很容易受到不良信息的误导。西方国家利用现代多媒体信息具有的隐蔽性、快速性、多样性、渗透性等特点，无时无刻不对人

---

① 薛忠义，刘舒，李晓颖. 当代中国政治传播研究综述［J］.政治学研究，2012（5）：102.

们的价值观进行诱导。当学生逐渐习惯了"高、大、上"的教学模式时，对于传统教学方式会持有抵制的态度，就会造成教育主体和教育客体存在矛盾的局面，此矛盾能否有效地解决关系到思想教育的作用能否有效发挥。毛泽东主席曾指出："什么叫问题，哪里有没有解决的矛盾，哪里就有问题。"[①]传统思想教育工作的方式已经不适应现代数字化教学的发展，如果不能科学、有效地将思想教育工作与新媒体工具结合并产生良性互动，将对大学生思想教育工作产生极大的影响。

（四）对学生思维的影响

首先，新媒体技术能够为大学生提供丰富、及时的信息。大学生接触网络的渠道极其广泛，通过网络接触的信息也都来自四面八方，随着网络监管力度的不断加大，许多非官方渠道的信息都会被屏蔽掉，许多官方新闻网站每天都会定时、免费为用户发送时政要闻，使大学生对国内外重大时政要闻有更加全面的了解，让学生养成关注世界形势与政策的良好习惯。其次，新媒体可以通过自身的优势宣传党和国家的路线、方针和政策，新媒体的工具也在为宣传积极的方针作出贡献，如今许多官方媒体都拥有自己的微信公众号、微博公众平台，公众的真实想法可以及时与官方媒体进行互动，改变了传统媒体与受众不能及时沟通的弊端。再次，新媒体的虚拟性可以在一定程度上让大学生宣泄不良情绪，通过在线交流平台及时解决心理困惑，许多贴吧、留言板等工具都是大学生发泄情绪的最佳场所，负面情绪的发泄将大大降低大学生采取过激行为的概率。再次，大学生与外部世界的距离在全球信息的传播中逐渐缩短，大学生的视野得到拓宽，能及时地了解世间百态，掌握最及时的资讯，帮助大学生树立"走出去"的思维。最后，新媒体是塑造大学生责任公民人格、民主观念的优良场所，如果每个人都能参与到政治生活

---

① 毛泽东.毛泽东选集：第3卷［M］.北京：人民出版社，1991：839.

中，就会改变以往对于我国民主制度的误解，而且大学生积极地参政议政将会极大地激发其主人翁意识，大学生政治活动参与的增加将是民主化的最真实写照。

（五）新媒体对教学思维的改变

2014年11月，李克强总理在首届世界互联网大会上指出，"大众创业、万众创新"的新工具是互联网。其中，"大众创业、万众创新"正是2015年政府工作报告中的重要主题，可见其重要性。2015年3月5日，李克强总理在十二届全国人大三次会议上正式提出"互联网+"的概念，并将其写进了政府工作报告，作为国家发展的重要战略。高校思想教育一直是培养思想教育人才的阵地，所以必将受到互联网的关注。李碧武提出，互联网思维，就是以互联网技术特征为基础，以开放、平等、共享的互联网精神为内核，富有颠覆性、创造性和包容性的思维。[①]混合式教学对于传统、枯燥的知识讲授是一种新的尝试，以"雨课堂"为代表的混合式教学方式是当代"互联网+高等教育"的产物，它的出现是高校思想教育方法的一种创新。

当前，高校关于思想教育理论的教学一直采用传统教学模式，传统教育模式下的很多教师在对教育认识的问题上保留着一定的传统性思维，在这样的思维方式下教育出来的学生也会存在相同的问题，教师和学生作为教育主体与教育客体都没有太多的改变。受到传统教育理念的束缚，教育改革面临着巨大的阻力，多数以老资历自居的教师对少数具备改革热情的教师存在轻视的态度，认为教育改革不能只有一腔热血，一旦失误就会造成不可估量的损失。在这种情况下，教学改革面临着各种各样的困难。学生在互联网时代不断成长，获取信息的方式方法很多，生活方式、思维习惯也各不相同。新媒体适应当前大学生的特点和实际，帮

---

① 李碧武．"互联网+教育"的冷思考［J］．中国信息技术教育，2015（17）：96-99．

助高校教师树立"互联网+"的思维。互联网思维通常是指在移动互联网、大数据、云计算等科技不断发展的背景下,对市场、用户、产品、企业价值链乃至整个产业生态进行重新审视的思考方式。①我们清楚思想教育方面的知识具有抽象性的特点,仅仅依靠教师讲解很容易造成学生只理解字面含义的情况,只是掌握书面意思却不会应用到现实生活当中无异于纸上谈兵,思想教育工作的意义也就失去了。新媒体技术同思想教育内容的有机结合是当前高校思想政治教育的重要一环,新媒体技术将思想教育课程内容变得更加丰富、多样、精彩,是吸引学生眼球的重要方法。

(六)新媒体是高校优化教学质量的必要手段——以"雨课堂"为例

当前的大学生是在网络普及化的背景下成长起来的,要想与时俱进地提高教学质量就必须打破传统教学思维,改变传统教学理念,创新教学方法,利用互联网的优势整合教学资源,做到教学方法的最优化。"雨课堂"在优化"互联网+高等教育"教学模式的过程中发挥了重要作用,"雨课堂"的教学功能有以下四个方面:①可以为学生提供良好的学习条件;②可以提供有力的工具,进而实现智慧教室;③通过"雨课堂"教师可以了解学生的学习效果;④有助于培养学生学习的乐趣。

"雨课堂"的教学模式使课程内容更加生动、充实,数字化、可视化效果极大地改变了课堂上"低头一族"的现状,课程内容的多样化、人性化使学生的注意力完全被"雨课堂"吸引,教师传授知识面临的阻力大大减小。"互联网+高等教育"应该是在遵循高等教育规律以及目标的基础上,将互联网技术与时俱进地应用于高等教育各个环节,逐步构建良好的高等教育新模式,使大学生思想政治教育的教学形式更加丰富,

---

① 费旸."互联网+教育"对微学习资源建设的启示[J].中小学电教,2015(10):75-77.

教学时间和教学地点不会受到固定场合的限制，通过"雨课堂"App 建立属于自己的班级，教师和学生可以自由地选择时间和地点。"雨课堂"对于教室和时间没有统一的要求，只要求教师和学生集结在一起并且没有外界因素的干扰，如操场也是新模式下的新课堂。传统教学模式中单纯由教师主讲并组织纪律的形式被打破，"雨课堂"App 的随时提问功能可以帮助学生打破时空限制进行自主学习，教师可以通过软件上的随堂测验了解学生的听课情况，有助于教师和学生通过互联网进一步探究学习。

二、对高校思想教育工作的改变

与传统媒体相比，新媒体在很大程度上改变了传统媒体的传播方式，具有"交互性与即时性，海量性与共享性，多媒体与超文本，个性化与社群化"的特点，就其传播效果来看，新媒体具备"传播与更新速度快，成本低；信息量大，内容丰富；检索便捷，互动性强"等传统媒体不可比拟的优势。随着网络技术的进步，各种新媒体平台相互融合，极大地丰富了传播内容，提高了传播效果，数字化的新媒体给人类带来了教育、学习、交流方式的变革，为当代教育提供了有效的传播理念和模式。[1]大学生对于新鲜事物具有较强的吸收能力，乐意了解和接纳新事物，新媒体作为新时代的产物自然容易被大学生接受。大学生是新媒体应用的一个重要群体，而新媒体又是大学生在生活和学习中获取信息的重要途径。高校在进行思想教育工作时需要注意新媒体这一全新的知识载体。新媒体的巨大优势帮助大学生更加方便地了解信息，已经逐渐成为大学生接受教育的一个重要载体，深深影响着大学生的学习和生活。

中共中央、国务院《关于进一步加强和改进大学生思想政治教育的

---

[1] 袁鹏.新媒体给大学生思想政治教育带来的机遇和挑战[J].学理论，2015（18）：254-256.

意见》指出,"主动占领网络思想政治教育新阵地。要全面加强校园网的建设,使网络成为弘扬主旋律,开展思想政治教育的重要手段。要利用校园网为大学生学习、生活提供服务,对大学生进行教育和引导,不断拓展大学生思想政治教育的渠道和空间。要建设好融思想性、知识性、趣味性、服务性于一体的主题教育网站或网页,积极开展生动活泼的网络思想政治教育活动,形成网上网下思想政治教育的合力"。新媒体技术的广泛运用为高校思想教育工作提供机遇,拓展了高校思想教育工作的空间。

(一)新媒体使高校思想教育工作的信息传达更及时迅速

在新媒体没有走进课堂之前,高校思想教育形式比较单一,教师和学生在课堂上缺乏积极的互动。课堂上,教师耳提面命地讲授知识,很少调动学生的积极性。新媒体工具的利用有利于快速传递信息,随着互联网络的发展,大学生通过网络了解世界,探索真理,拓宽了视野。互联网改变了传统教学过程中教师和学生的地位,教师和学生在课堂上具有了平等的参与权,摆正教师和学生的位置可以进一步改善师生关系。新媒体为大学生提供了在线交流平台,使大学生可以通过这个平台及时解决个体心理困惑,从而拥有更多平等交流思想的机会,帮助大学生及时表达自己的真实想法,保持与教师的及时沟通,帮助教师及时了解学生的思想动态。这种快速、及时、准确的传播方式,对于思想教育工作者及时调整教学内容和方式有着重要作用,传播正确有意义的思想信息,增强正确舆论导向,达到比较满意的教育效果。新媒体为大学生思想教育工作提供了途径多样、交互便利的新平台。我们进行思想教育的传统方式有写黑板报、开宣讲会、做宣传栏等。而新媒体技术背景下,出现了很多信息传播方式。抖音、微信、小红书等崭新的信息传播平台受到大学生的欢迎与喜爱,也为思想教育工作提供了新的载体。[①] 新媒体已经

---

① 吴惠.新媒体:新机遇与新挑战[J].中国高校社会科学,2009(7):41-42.

成为思想文化传播的新载体,也是当前世界的新潮流,积极拥抱新媒体是当前高校做好思想教育工作必要的手段,是与时俱进的体现,也是我国实现"双一流"目标的重要一步。

(二)新媒体技术使高校思想教育的模式更简单

"思想政治教育教学要有阵地意识,有学生的地方就要有教育工作者的声音。"新媒体技术为高校思想教育创新拓展了新阵地。不少专家认为,教育工作者要注重主体性实现的途径,特别是要在"有用"和"有趣"上下功夫,切实提高思想政治课教育教学的实效性[①],当前高校思想教育工作可以借鉴这样的方式。我国高校大学生的思想教育工作面临着严峻的考验,因为当代大学生的思维跳跃性大,接受新事物的速度快,所以要与时俱进,创新思想教育教学方式。新媒体技术使传统教学模式从单一性向多元化模式转化,正在逐渐形成一种全新的高校大学生思想教育工作模式。为了帮助学生更好地接受相对枯燥的理论知识,我们可以从学生经常使用的软件入手,通过课堂讲授等传统方式与新媒体手段相结合来开展工作,把知识转变为日常生活中的一部分,培养学生的学习兴趣,调动学生学习的积极性,不断提高学生的学习效率。

(三)新媒体技术增强了大学生在学习过程中的自主性

大学生思想教育过程中的主动性在以传统媒体为主要传播途径的教育平台中受到严重制约,教育工作者和被教育者始终处于领导与被领导的地位,主客体关系本身就存在着不平等,对于要求个性发展的大学生是一种束缚。受传统媒体的制约,教师的授课永远是一点对多点的传播方式,而大学生对于传统事物存在一定的抵触心理,他们在教师"一言

---

① 周琴.新媒体给高校思想政治教育带来的机遇与挑战[J].中国报业,2011(14):133-134.

堂"的教育方式中一直处于被动接受的状态,由于大学生与教师在思想教育过程中缺乏沟通,教育效果不显著。然而,新媒体在高校的广泛运用使两者的关系发生了重要转折。在新媒体环境下,"思想政治教育新媒体营造的教育模式,使思想政治教育主体的权威不再建立在高高在上的自我形象上,而是建立在教育工作者与教育对象平等相处、共享资源的基础上"[①],教育工作者和受教育者的关系则以合作探讨为主,教育工作者主要扮演引导者的角色。新媒体的传播方式是一点对多点或者是多点对多点,而这样的拥有自主权的学习环境是大学生内心最向往的,在这样宽容的环境中,每个学生都可以扮演信息传播者的角色,信息交流更为方便,信息传播更加快捷,学生学习的兴趣大大增强。在信息自由交流的环境里,大学生自身既是信息接收者,也是信息传播者,自由学习意识在这一过程中逐渐增强。

(四)新媒体技术丰富了大学生思想教育工作的手段

虽然我们重视新媒体为思想教育工作带来的机遇,但也不能忽视传统大学生思想教育具有的优点,如"理论研究会"等学习组织,听专家的讲座、校园报刊、新闻宣传栏等,这些传统的教育方式在促进大学生思想教育工作有效开展的过程中发挥了积极作用。在新媒体广泛被大学生群体接受的环境下,传统思想教育手段与新媒体的结合可以使学生主动接受思想教育,丰富和创新大学生思想教育的有效途径。新媒体工具的广泛运用,已经为大学生所认同,其具有方便、快捷、时效性强的优点,教师可以在讲课的过程中向学生展示音频、视频文件,在课下也可以在最短的时间内向学生展示各类图片、文字,教学内容直截了当地呈现在学生眼前。教师和学生通过新媒体软件进行互动是改善两者关系的有效途径,学生也可以利用新媒体及时获取需要的教育知识,使信息的

---

① 周慧敏.新媒体背景下高校思想政治教育有效性研究[D].上海:华东师范大学,2013.

传播效率大大提高。目前，高校思想教育工作者已经把建立校园微信公众号、校园抖音平台、网络论坛等作为正常的教学工作，通过它们与大学生进行沟通和交流，就大学生关心和喜欢的话题展开讨论，增强教育过程的辐射力，并利用新媒体技术展示相关视频图片，提高大学生的学习兴趣，吸引大学生参与到教育过程中来，使得如网络、微信、QQ、抖音等灵活的新媒体技术成为大学生思想教育的新平台。[①]通过这样的方式帮助学生进一步了解自己的学校，增进大学生同母校的感情，打破"铁打的营盘，流水的兵"这样的传统思想，让大学生在毕业时对母校心存感激。

（五）新媒体技术打破了思想教育理论课教学的时空性

传统的大学生思想教育理论课教学具有很大的时间、空间局限性，主要以课堂为主，教师和学生在时间上必须同步，空间必须固定，如果教师的管理松懈，那么高校大学生早课的逃课人数会非常多。学生上课人数少，教师讲课的心情必然会受到影响，教育工作者和受教育者对这样的方式均存在一定的抵触心理，教学过程就会存在一定的障碍，久而久之对教育内容的认同度也会降低，耳提面命的单向灌输教育模式在一定程度上削弱了大学生思想政治教育的效果。而新媒体的飞速发展进一步完善了大学生思想政治教育的时空教学方法：教育工作者不仅可以在传统课堂上对教育对象实施教学，而且可以延伸到非面对面的虚拟环境，如网络、手机短信、微博、微信等新媒体中。[②]新媒体技术在课堂教学中的运用打破了时间的限制，思想教育工作者能够利用新媒体把各种教育内容及时有效地发送给大学生。由于大学生对于生动的画面更感兴趣，

---

① 袁鹏.新媒体给大学生思想政治教育带来的机遇和挑战［J］.学理论，2015（18）：254-256.

② 袁鹏.新媒体给大学生思想政治教育带来的机遇和挑战［J］.学理论，2015（18）：254-256.

并且可以通过新媒体工具随时接收教育信息，相比于传统的教育方式，大学生通过新媒体工具将信息保存，且拥有足够的时间来学习相应的内容，教育效果更加显著。另外，新媒体工具有其互通性，因此，不同学校或者不同人数的大学生可以通过网络共享等技术分享教学内容，就相关问题及时进行讨论，不会让一时萌发的新思想因为不能及时与人沟通而"流产"，同一个话题可以不仅限于同一个老师、同一个学生群体，极大地拓展了交流空间。学生的新思维可以在新媒体工具的运用下进行碰撞，为大学生交流思想、拓宽视野提供了契机。

新媒体在不知不觉中改变了人们的生活，也在不知不觉中改变着教育方式，许多传统教育模式中存在的弊端都因为新媒体的出现而发生改变，而高校思想教育工作是高校建设中不可或缺的一环，也是帮助大学生坚守思想阵地的重要法宝。当前，思想教育工作斗争日益激烈，要求我们不能放弃新媒体为高校思想教育工作带来的机遇。我们要抓住新媒体带来的机遇，不断完善我国高校思想教育工作机制，坚守住高校思想教育工作的主阵地。

三、新媒体为思想教育工作提供新的平台

（一）新媒体拓展了思想教育工作的交流平台

"中国特色社会主义事业是在不断探索中发展前进的，特别是在总结实践经验和历史教训中发展进步的。"[①] 新媒体时代社会发展中的实践经验是我们进行思想教育工作的宝贵财富。新媒体时代的到来带动了互联网技术的变革，推动了信息网络化的发展进程，一定程度上使社会发展进程得以加快，人们的生活状态也随之发生改变，全世界的信息资源得

---

① 王永贵.经济全球化与我国社会主流意识形态建设研究[M].北京：人民出版社，2010：32.

以在一个系统内分享。这个系统打破了传统的地域与地缘政治的界限，世界各国、各个地区、各个民族的思想在互联网上交流、碰撞、斗争，开辟了思想教育工作建设的新空间，为我国思想教育工作的发展搭建了新的理论与实践平台。思想教育是社会科学的重要组成部分，思想教育工作建设与社会科技发展紧密相关。报纸、杂志、广播、电视是传统思想教育宣传的主要平台，人们对于思想教育工作的反馈也需要通过这些平台来实现。我们知道理论的进步与发展需要进行及时的沟通和交流，需要人们进行讨论和思想碰撞，传统思想教育宣传平台具有一定的局限性，存在信息反应慢、讨论受到时间和空间的限制等问题，人们的思想交流受到很大影响，远远满足不了相应的需求。而新媒体时代的到来为高校思想教育理论的发展与完善提供了新的道路，新媒体的发展为高校思想教育工作提供了创新平台。

以互联网为例，它拓宽了人们在网络中了解信息的平台，便于人们获取来自全球的、各种各样自己需要的资料和信息，信息共享的世界性为我们了解外面的世界提供了帮助。高校思想教育工作建设同样需要依托新媒体，改变传统思想教育工作的方法也会引起高校思想教育工作基本理论与建设方式的转变。信息传播的特点使网络上的思想教育工作相比传统方式更具吸引力。高校内的各种党报、理论学刊通过与新媒体相结合，展现出更多的形式，更为大学生所接受，内容和形式的改变可以帮助这些宣传工作重新焕发活力。新媒体走进千家万户，人们可以尽情享受新媒体为我们带来的各种信息。大学生通过阅读不同的信息，思维更加活跃，感兴趣的内容也越来越多，也可以对现阶段的思想教育建设情况表达自己的意见和见解，多样化的表达形式使大学生在轻松愉快的氛围中接受主流意识的教育，思想教育工作不再像以往那样困难重重，思想教育工作者同大学生也不再是传播和被动接收的关系，思想工作从被动转变为主动，从传统的平铺直叙转变为生动活泼，传播者与接收者形成了友好交流的局面。受众的思想状况和现实理论宣传内容相符合是思想教育工作得以顺利进行的重要条件。如今，网民通过互联网进行参政议政的人数越来越多，参与政治生活的热情越来越高，民意可以在互联网上尽情地表达，当前政府也更愿意听取民意，这样的方式已经成为思想教育工作的重要组成部分。

当前，各级政府同网民进行交流互动已经成为政府工作的常态，我们可以在网上看到国家领导人和网民进行交流互动，符合条件的人都可以参与进去。随着社会的不断发展，网民素质的不断提高，许多网民怀着关心社会、关心时事的态度对社会、国家的发展提出建议，越来越多的网民参与互动充实了思想教育工作的方式，表明我国思想教育工作受到了一定的关注。智能手机的普及打破了时间、空间的限制，更加方便人们了解外界最新信息。微信、微博的兴起，进一步拓展了网民了解信息的途径，各地政府机关改变了传统的工作方式，相继开通了官方微信和官方微博，网民可以通过这样的方式与官方进行交流和互动，大大改善了政府和民众的关系，民众更愿意与政府进行交流、互动，民意的充分表达帮助思想教育工作者及时关注网民的思想情况，同时也为创新思想教育理论提供了有利条件。

新媒体时代为思想教育工作提供了新的空间，新的思想和理论应运而生。许多新的理论是在网络信息交流中产生的，具有一定的代表性，为社会发展提供一定的支撑。我们通过世界范围内的信息共享，可以充分了解社会主义国家的主流意识形态和资本主义国家的意识形态的差别，想要更好地推进我国思想教育工作，建设坚固的意识形态"阵地"，就要积极学习、借鉴资本主义国家意识形态建设的可取之处，充分了解我国思想教育工作建设存在的问题和不足，对于进一步发展我国社会主义主流意识形态具有很大的帮助。新媒体的到来为我们提供了先进的网络技术，谁能抢得网络技术的主动权，谁就可以跟上时代发展的潮流。充分运用网络技术可以帮助一个国家在意识形态较量中占据上风，只有在思想教育工作领域内占据有利的制高点，我们才能在国际社会中拥有话语权。我国思想教育工作需要充分利用网络意识形态建设的新媒体平台，将我国思想教育工作建设思想以多种方式渗透到人们的思想中，主流意识形态占据头脑的主要地位，可以最大限度抵制西方不良思想的入侵，削弱西方人本主义思想对我国人民思想的影响，消除来自西方世界的"意识形态噪声"，只有主流意识形态深入人心，我国意识形态安全工作才可以顺利开展。

（二）新媒体拓展了高校思想教育工作的宣传平台

互联网时代的到来从根本上改变了传统的人类沟通方式，信息交换与传播的效率得以提高。随着科学技术的不断发展，传播技术和手段的不断革新，传播受众可以轻松地获得信息，提高了信息的实效性，信息的公布方式也变得多样化，伴随着各种信息的不断碰撞，信息背后代表的各种思潮之间的竞争越来越激烈。受众随时随地都会受到各种思想信息的影响，但是当信息流量越来越大的时候，受众可能会经历思想的"空窗期"与"茫然期"。传统思想教育工作的传播者主要是从事意识形态信息生产和传播的专业化媒介组织，宣传工作主要是通过党报、电视、广播等方式进行。但是，在信息网络化的时代，传统的思想政治宣传与教育平台已经远不能满足社会发展的需要。占领处于"迷茫期"的网民的思想，使他们在思想上把马克思主义理论作为自己的精神信仰，是互联网时代思想教育建设的重要工作目标。"新媒体不仅成为信息传递的重要载体，也对传统受众的使用模式产生了根本性的改变。"[①]

由于互联网技术的发展和普及，网络传播媒体多种多样，其门槛也不断降低，因此传播主体的数量不断增加，传播主体的多元化代表着受众的数量也会不断增加，传播主客体的不断增加促使公共信息的传播渠

---

① 周小华. 论新媒体技术环境中的马克思主义传播创新［J］. 湖北行政学院学报，2011（1）：14.

道得到很大程度拓展。利用互联网开展思想教育宣传工作，是进一步拓展和创新思想教育宣传工作的重要内容，高校开展思想教育工作必然要抢占互联网这一新兴"桥头堡"，宣传工作只有与新媒体有机结合才能使主流思想教育宣传工作占领新兴阵地、引导并优化网上舆论。传播主流思想和意识形态安全教育信息的必然途径是高校网络宣传与教育平台，面向广大大学生群体，有利于提高高校思想教育工作者的工作质量，促进大学生与思想教育工作者之间的交流，优化思想教育工作的资源配置。网络宣传与教育平台的出现，是新媒体走进现代社会的必然趋势，是计算机技术与通信技术以及互联网发展到一定阶段的必然结果，是大势所趋，能够帮助高校思想教育工作者转变思想教育工作理念、提高思想教育工作质量与效率，推动思想教育工作的发展。

（三）新媒体为高校思想教育工作提供了反馈平台

互联网时代的到来，改变了诸多行业的工作方式和工作方法。新媒体的不断发展为新时期高校思想教育工作带来一场新的革命。新媒体为高校搭建起的网络舆论监督平台，在思想教育工作监督与反馈方面发挥着极其重要的作用，思想教育工作者应给予高度重视。一是通过建立高校思想教育工作网络监督与反馈平台，学校可以向学生传递具有时效性的信息，同时学生对社会事务、社会现象以及国家相关政策通过同样的方式发表自己的看法，包括提出建设性的意见，以在学校范围内形成一股强大的舆论态势。学校与学校之间也可以进行思想教育工作的经验交流，在社会上形成更大范围的舆论态势。学生与学生进行交流、学生与学校保持交流、学校与学校保持交流，这样对现实社会的发展也可以起到促进的作用。二是建立、发展校园网络监督与反馈平台，有助于思想教育工作者紧密关注学生的思想变化。意识形态安全教育工作者可以根据学生不断反馈的情况及时对思想教育工作做出调整，以提高思想教育工作的时效性。新媒体时代思想教育工作者需要通过网络互动平台以及其他方式多了解学生内心的真实想法,解决传统思想教育工作中教师与学生互动反馈不及时的问题,努力打造一个通畅、反馈及时的高校思想教育工作监督与反馈平台。新媒体时代互联网的传播双向性有利于帮助学生对学校思想教育工作的监督,提高学生的政治意识和参与意识,进而增强学生的"主人翁"意识。新媒介的不断发展,会在一定程度上改变传播者与受众的关系,"网络媒体天生就是一种'弱控制性'的传播媒介。"①

互联网把许多人变成了信息的传播者,信息的传播者不再局限于官方,受众也可以是传播者,这是信息传播方式的革命。传统传播方式会对人们想要表达的信息进行层层筛选和审查,审查过程中会过滤一些激烈言辞,传统的受众与思想教育工作者的交流途径单一又狭窄,传播者与受众在交流方式上存在层层阻碍,严重影响思想教育工作的时效性。新媒体时代,信息交流途径和舆论环境得到快速拓展和改善,网民在发布信息时,不再受传统的"把关人"束缚,可以真正地表达自己的诉求。近些年,我国网民数量增长速度极快,网民职业布局日益广泛,范围覆盖各个群体。现代教育的发展提升了人们的文化水平和语言表达能力,新媒体工具的多样化使得那些思想活跃、参与意识与表达意识强烈的人可以随时随地对关注的事件进行评价。这些人早就想摘掉看客的帽子,改变传统受众的地位,积极主动接受现代思想教育。他们"以个人展示为中心,以个人网页为节点,用户的个性化和价值观都不再会被轻易左右"。②他们可以拥有不同的立场,通过新媒体发表自己真实的言论,表达自己真实的想法,从而得到同类社会群体的关注并引起共鸣,进而形成不同的社会舆论群体。在互联网上人人都有表达自己真实想法的权利,网络世界的虚拟性在某种程度上深化了言论的真实性。网络舆论监督实

---

① 屠忠俊,吴延俊.网络新闻传播导论[M].武汉:华中科技大学出版社,2002:239.
② 杨继红.新媒体生存[M].北京:清华大学出版社,2008:36.

行的是"点对点"的沟通,"瞬发、双向、即时、互动的数字化传播,使意见沟通、扬弃、整合、反馈的效率大幅提升,舆论形成的时间大大缩短"。[1] 与传统媒体传播的单一性特征、受众的被动选择相比,网络空间的无限性以及信息传播的低门槛,在很大程度上保证了信息传播的民主性特征。在许多新闻媒体的版块当中,社会新闻是大家比较关心的一个大版块。现代传播媒体对新闻排行榜高度重视,因为新闻排行榜在一定意义上是一种风向标,也是反映社会真实情况的晴雨表,人们对于排行榜首的新闻大多是感兴趣的,而新闻跟帖是门户网站特有的功能,这就使网民对社会热点新闻的关注程度得到有效强化,也提高了网民对社会热点事件的参与程度。虽然大量的跟帖以及回复并不一定能反映人们的真实想法与意愿,但是它在一定程度上反映出当代社会人们关注的热点,反映出当前社会思想的轮廓。人们对社会热点话题的关注度可以反映出当前工作取得了哪些方面的进展,哪些工作让人们满意,哪些工作还存在需要改进的地方,这样的舆论环境与格局可以适用于高校工作,通过上述方式也可以深入学生的内心。同时,网络事件是网络思想文化中的一个重要构成方面,人们对于网络事件的反应以及表达的看法都是当前主流意识形态的反映。结合当前高校的思想教育工作,思想教育工作主体通过对学生思想发展趋势的研究,结合对实际情况的分析,实现传播者和受众之间的良性互动,进而促进学生接受思想教育工作基本理念与高校思想教育工作建设方式的转变。网络已经成为思想教育工作者向学生传递与反馈正确的信息和正确引导学生思想的重要平台。网络媒体是"为个人提供社会期待的重要源泉之一,它通过描绘各种群体或组织的情况以及其他个体的行为方式,间接地对个人意见的形成和行为选择产生影响"。[2]

---

[1] 赵强.论维护国家舆论安全[J].求是,2009(5):24.
[2] 刘华蓉.大众传媒与政治[M].北京:北京大学出版社,2001:17.

网络信息在传播的过程中彰显优势的同时又暴露出自身的弊端，由于"把关人"的作用没有想象的那么重要，信息发布者发布的信息未经严格审查也能发布，令小道消息、非官方消息在短时间内迅速传播，一些带有煽动性的言论很容易激起非理性人的热情，从而引发不必要的争论，甚至有些网民会因虚假信息而改变自己的立场。因此，高校在开展大学生思想教育工作的时候要注意网络舆论监督的过程，大学生利用新媒体软件获取信息的渠道非常方便、快捷，一旦舆论监督没有做到位，虚假信息进入学生的视野，那么学校的正面舆论效应就会陷入被动的局面。因此，学校要严格监督网络舆论的走向，利用学校自身的校园文化向大学生传递有意义的信息，让学生树立正确的政治思想，培养正确的价值观念。高校建立积极向上的校园文化，与网络宣传以及反馈平台的建立是紧密联系在一起的，校园事件的正面报道以及坚决打击虚假信息和校园谣言，对于增强学生对学校的关心程度，提高大学生当家作主的意识有着极其重要的意义，可以激发学生对政治的参与热情，培养学生健全、积极的政治人格。

（四）新媒体为意识形态理论传播提供了新途径

在新媒体时代，网民越来越成为一股非常重要的社会力量，是现阶段我国历史发展中不可缺少的一部分。各种各样的网民意见在网络平台上传播，成为网络世界意见反馈的主要途径，广大受众被迫表达意见的时代已经过去。网民对主流意识形态的了解越来越多，更多的事例出现在身边，网民同主流意识形态遥不可及的距离随着网络的普及逐渐被缩短。在高校校园内，大学生同高校思想教育工作者可以通过网络及时地进行交流互动，进一步增强主流意识形态的吸引力和凝聚力。互联网的传播帮助高校思想教育工作者通过网络传播工具进行高校大学生思想的整合，快速了解大学生思想中出现的偏差，保证我国主流意识形态在高校范围内在正常的轨道上进行传播。单纯的"领导和教师说，学生听"

转变为"领导和教师边说边听,大学生边听边说"。网络的交互性特点在人们及时地进行社会问题的讨论中得到体现。对于关心的问题和事件,人们可以通过各种各样的方式来发表自己的看法与意见,思想教育工作者可以通过网络意见反馈平台及时了解公众的意见反馈。

目前,网络已经成为进行沟通、交流意见的主要途径,新媒体时代的工作方式拉近了政府和民众的距离,普通公民通过参政议政激发了自己的政治意识,而直接参与政治生活,有利于提高民众的主人翁责任感。随着网民通过网络参与政治生活的现象越来越多,网络民意成为影响公共决策的重要来源。网络是虚拟化的世界,许多网民通过匿名的方式为政府建言献策,也帮助许多不敢说话、不敢表达意见的网民充分表达自己的想法,厦门的二甲苯事件就是一个很好的例子。民意是不可违抗的,接受民意并支持其中的合理要求是政府工作的主要责任,也是思想教育工作者要重视的地方。思想教育工作建设想要取得长足发展就要注重主体同客体的相互作用。我们通过了解过去的事例可以发现,传统的思想教育工作主客体之间甚至是主体之间的交流与互动都是不充分的,甚至存在矛盾,这对于思想教育工作建设是极其不利的。在新媒体时代,互联网的交互性帮助思想教育工作主客体形成了良好的互动。传统思想教育工作主体和客体、主体和主体之间的沟通障碍被逐渐消除,思想教育工作客体的意见可以充分地表达,更加便捷的交流方式帮助网民在合理的范围内形成正确的舆论导向,对于净化社会舆论环境起到了重要的作用。因此,思想教育工作建设少不了网络互动,充分的网络互动可推动社会主义思想理论建设。高校校园犹如一个小的社会环境,高校思想教育工作者需要学习和借鉴当前社会思潮整合的经验,总结出符合高校思想教育工作的方法,运用到高校思想教育工作中。

(五)新媒体为高校思想教育工作提供了新方法

新媒体技术在高校的普及要求高校思想教育工作方式做出改变。在新媒体时代，高校思想教育工作的信息获取已经不是难题，西方资本主义意识形态也趁机入侵我国高校大学生的思想，这就要求高校思想理论教育必须改变传统的教育方式，培养大学生对带有思想教育色彩的信息进行自主选择、思考、判断。在过去的高校思想教育工作过程中，传统的耳提面命式的灌输教育占据了主要位置，事实证明，这样的教育方式没有达到理想的效果，教育主体和教育客体矛盾重重并不能及时解决，反而为西方意识形态传播提供了可乘之机，这为高校思想教育工作建设提出了重大的难题。如何使主流意识形态在大学生心目中占据重要地位成为主要问题，网络的发展衍生出在线课堂等新兴教育模式，这一新变化迫使教育工作者必须改变传统的教育方法，从灌输转化为帮助学生对信息进行选择和分析。例如，Web2.0 构建的网络学习环境是一种开放式和分布式的环境，它可以通过丰富的学习活动和交互功能来促进学习效率的提高和学习目的的实现。Web2.0 的海量信息分享功能，使得公众可以通过网络随时查询到各种信息，思想教育主客体都可以获得自由自主的权限，在获取资源的同时也可以分享自己的经验。新媒体的信息内容具有开放性、不可控性、虚拟性等特点。①

在高校，从事思想教育工作的主体是思想政治工作者，在顺应历史发展的潮流，对当代大学生群体负责的角度下，思想教育工作者的工作方式已经发生转变，现在的高校教育打破了传统的相对封闭的学校教育，而大学生群体也已不再是信息接收的唯一受众，这要求新媒体时代的高校思想教育工作模式必须进行创新。我们想要做好思想教育工作，就要以一种包容的心态来面对西方国家优秀的教育方法，在坚持本国主流意识形态前提下，不断关注、实时更新主流意识形态的内容，与新媒体相结合，加强"互联网＋高校思想教育工作"，把世界上先进的教育理念融

---

① 王永贵.经济全球化与我国社会主流意识形态建设研究［M］.北京：人民出版社，2010：365.

入其中，构建有中国特色的思想教育工作理论体系，以全新的姿态来迎接西方意识形态的挑战。新媒体为教育方式提供了更多的选择，各种各样的网络教育模式为大学生群体了解马克思主义思想提供了更多的途径。越来越多关于马克思主义经典著作的解读资料可以在网上找到，大学生可以从多种角度去理解经典著作，同时可以根据自己的时间合理安排学习，自由化的传播取代了灌输式的教育，帮助思想政治教育更加贴近大学生、更接地气。高校思想教育工作者只有把握大学生的内心想法，了解大学生的真实状况，进而采取有效措施才能收到实效。长期以来，传统的思想教育内容相对比较广泛，过于笼统，缺乏层次性。在大学生的心中，思想政治教育的内容千篇一律，毫无实用性，对于将来的工作没有太大的帮助，在这样的思想下，思想教育工作者开展思想教育工作具有一定的难度。在思想政治教育过程中，多数是为大学生树立正能量的榜样，号召他们去学习，然而英雄人物离大学生的现实生活较远，对实践的指导作用不大。除了在校园内，社会上对于思想教育内容的抵触与思想教育目标实现的理想化有着重要而直接的联系。在市场经济条件下，人们更容易关注个人利益的实现，从而忽略对道德模范的学习。面对日益复杂的社会环境以及信息社会的不断发展，大学生的成长也受到了潜移默化的影响。我们应该认识到实践中产生的困惑需要理论来进行支撑，在大学生的成长过程中会不同程度地产生各种思想上的问题，诸如政治信仰缺失、理想信念不足、价值取向偏个人利益化等。为此，面对复杂的网络环境，高校思想教育工作内容和阶段性目标需要作出相应的改变，以便应对错综复杂的局面。而对当前大学生价值观多元化的局面，意识形态建设的目标不应过高，短时间内培养出高尚的模范是不现实的，仅仅依靠以点带面的模式具有太大的难度，高校要做的是从培养出发，培养出遵纪守法、践行社会主义核心价值观的大学生群体，从大学生遵守基本道德开始，层层递进才能取得良好的效果。高校思想教育工作内容要和大学生的实际情况相结合，坚持具体问题具体分析的原则，将现阶段倡导的基本道德规范等分步骤、分层次对大学生进行教育。

（六）新媒体舆论有利于思想教育工作引领高校意识形态建设

网络传递的信息能够在一定程度上反映出社会舆论的走向，高校大学生的群体意愿也能够反映出高校思想教育工作建设的现实。虽然高校大学生的思想比较活跃，有的群体并不一定能够反映出真实的情况，但是面对重要事件可以从侧面反映出大学生对事件的看法以及对学校的态度。代表性事件可以帮助学生调整自己的行为，为大学生的生活和学习提供借鉴。在校园内，舆论事件的传播最初是由几个人发起，逐步扩散到整个校园的。加上现代通信手段的发达，社交软件的多样化，信息传播的速度和范围比以前更加迅速和广泛。在引起学生讨论的过程中，学生之间相互沟通，容易形成总体的意见走向。这个时候就会出现歪曲事实的情况，对事件的过程肆意放大或缩小，将事件的真相引向误区。德国社会科学家伊丽莎白·诺依曼的"沉默的螺旋"理论认为，人们在表达自己的想法和观点的时候，如果发觉某一观点无人或者很少有人理会，那么自己即使赞同它，也会保持沉默。"意见一方的沉默造成了另一方的增势，如此反复循环，便形成了一方的力量越来越强，而另一方越来越沉默下去的螺旋的发展过程。"① 要是对这样的信息不加以制止，那么真相就会淹没在群体的舆论讨伐之中。许多学生面对事件的态度也会因为不同的情况而表现出不同的态度，进行讨论甚至争辩成为常态，最终结果就是优势意见得以保留，这是因为舆论的导向反映的是大多数学生的共同意愿。优势意见得以保留的重要因素是"意见领袖"的存在，在舆论事件发生时，高校思想教育工作者的"意见领袖"要及时发布准确且积极的信息，对于化解大学生对于事件的错误认识、制止负面信息的传播有着重大意义。校园网站和校园公众号的工作者要及时了解舆论事件

---

① 叶皓. 正确应对网络事件［M］. 南京：江苏人民出版社，2009：83.

的原委，并作出令人信服的答复，重视官方网站对于整合校园信息的作用，避免蓄意歪曲事实的群体将负面信息传递到学生心中。高校网站工作者在编排信息时要注意将能够引导学生意见走向的信息安排在首位，对积极向上的帖子使用置顶功能，凸显此类信息的重要性。学生在浏览网站时会首先注意到此类信息，把带有外来意识形态色彩的信息自动屏蔽掉，帮助大学生的思想向一个方向集中。

新媒体时代是历史发展的必然趋势，也是我国向世界展示自己的好时机，随着我国国际地位的不断提高以及人们生活水平的不断提升，我国利用互联网工作和学习的人群大大增加，这标志着我国已经融入新媒体时代这一新的历史进程中。信息全球化不可避免地要受到外来思潮的影响，正是因为新媒体为信息交流带来机遇，资本主义国家对我们进行意识形态渗透的意愿更强，进行渗透的方式更加多样化。我国大学生群体的数量逐渐增加，境外进行意识形态渗透的首要目标锁定为大学生，因此我们要积极做好意识形态领域内的防御，而大学生思想教育工作尤为重要。与此同时，新媒体时代的发展为马克思主义意识形态建设带来了新的机遇，我们要顺应历史的潮流积极拥抱新媒体，利用互联网同各种社会思潮进行交流。马克思主义思想是一个科学的、具有包容性的学科体系，其具有应对一切外来思想的优势，现阶段我国正以全新的姿态面对全世界。我国的发展有目共睹，原因在于我们能够吸收其他国家优秀的文明成果，在各种思潮交往中保持自主性，并且利用一切优秀成果来增强自我。高校做好思想教育工作也要充分利用互联网这一平台，积极参与到互联网的传播过程中，学习国外先进的教育理念，不断创新和完善我国思想教育理论体系，积极应对来自国外思潮的挑战，在学习和交流中逐步缩小与西方国家的差距。在此过程中，要不断学习国外优秀的文明成果，同时也要展示自己的优秀成果，在各种思想交锋中保持自己的优越性。顺应历史发展的趋势，不断增强社会主义意识形态的说服力与吸引力，构建新媒体时代具有中国特色的意识形态理论体系。

随着时代的不断发展，我党提出的构建人类命运共同体的理念赢得世界人民的好评，这体现出世界人民对我国社会主义意识形态具有较高的认同感，网上关于相关理念的讨论热烈，说明社会主义意识形态在全球范围内的影响力与吸引力正在不断提升与扩大。这对于增强我国主流意识形态在国际社会中的地位具有重要意义，更有利于我国主流意识形态在国际社会中站稳脚跟。另外，互联网的发展，有利于在高校范围内引导大学生的关注点，但是高校作为培养人才的基地，要从大学生这一庞大群体做起，只有帮助大学生增强对主流意识形态的认同感，才能在社会上引起连锁反应，扩大示范效应，从而使主流意识形态的辐射范围更加广阔。新媒体在促进信息融合的同时也为我们的意识形态工作带来了新思路，它不断更新我们意识形态安全教育的观念，更让我们在面对其他社会思潮入侵时保持冷静的态度。"人们开始冷静地思考社会主义实践的经验教训，梳理和总结社会主义发展理念，对社会主义发展阶段进行科学定位，不断丰富和发展社会主义市场经济体制改革和扩大对外开放等思想。"①

高校思想教育工作的建设是一项任重道远的工程，想要在思想教育竞争中立于不败之地，就要积极利用时代为我们提供的机遇。新媒体为我们带来了以互联网为主的新兴技术，我们要利用好这一机遇，为我们每个阶段的工作做好定位，认清当前的实际情况，改变传统的工作思维和方式，扎扎实实地做好大学生思想教育工作，增强大学生对主流意识形态的认同感，并在全社会起到引领作用，构筑我意识形态的坚固堡垒，积极应对来自其他社会思潮的挑战。

---

① 王永贵.经济全球化与我国社会主流意识形态建设研究［M］.北京：人民出版社，2010：36.

第三章

新媒体时代大学生思想教育工作面临的挑战

第三章 新媒体时代大学生思想教育工作面临的挑战

随着全球信息化的进一步加快,人类社会相继进入新媒体时代,"出现了全程媒体、全息媒体、全员媒体、全效媒体,信息无处不在、无所不及、无人不用"[①],过去单一和封闭且受个体限制的信息传播,变成了自由且开放的信息传播系统,其载体不仅涵盖了报纸、电视、广播等传统媒介,还囊括了微信、抖音、微博等新兴媒体,可以说其受众群体和覆盖面都是最全、最广的。随着新媒体的广泛运用,各种挑战也接踵而来:西方一些反华势力趁机利用新兴媒体,逐步加剧对我国意识形态的渗透,因此,我国思想教育工作正面临着前所未有的挑战和威胁。尤其在高校,思想教育工作的形势特别严峻,西方一些敌对势力通过各种途径,采取各种办法对大学生进行渗透,他们企图使社会主义的建设者和接班人褪色、堕落。因此,高校加强对大学生的思想教育刻不容缓。

习近平总书记指出:"能否做好意识形态工作,事关党的前途命运,事关国家长治久安,事关民族凝聚力和向心力。"[②]在我国,我们的党和国家都十分重视意识形态工作,它是党和国家工作非常重要的组成部分,在社会主义伟大事业大局中发挥着十分重要的作用。大学生是我们中华民族的希望和未来,同时还是我们中国特色社会主义事业的建设者和接班人。习近平总书记在多种场合反复强调,在我国办好高等教育一定要坚持党的领导。高校是大学生思想政治教育的前沿阵地,直接关系到培

---

① 习近平.习近平谈治国理政:第3卷[M].北京:外文出版社,2020:317.
② 中共中央宣传部.习近平新时代中国特色社会主义思想三十讲[M].北京:学习出版社,2018:171.

养什么人、为谁培养人和怎样培养人的问题。这就要求我们的学校党委，一定要系统地学习、理解和掌握习近平总书记有关重要论述，筑牢意识形态理论基础，切实履行领导责任和政治责任，确立和完善社会主义办学方向，全面贯彻落实立德树人的根本任务，建立和完善办学制度体系，坚持党管宣传、党管意识形态，切实把党管干部、党管人才原则落到实处。高校必须坚持和落实在党委领导下的校长负责制，贯彻思想教育责任制，狠抓高校各级党组织建设，切实巩固高校基层党组织建设，不断健全高校章程，大力推进高校依法治校，办好全国人民满意的高等教育。与此同时，各高校不断加强马克思主义在思想教育建设中不容忽视的指导地位，大力加强和完善其监督体系，坚持以社会主义核心价值观为导向，积极营造良好的政治生态，坚持用马克思主义的战略思维来规划和推进大学生思想教育的建设。

第一节 我国思想教育工作在互联网络中的建构现状

一、搭建新媒体立体互动平台

正是互联网突破了时间和地域等多方面的限制，打开了意识形态传播的方便之门，提供了便捷的传播渠道。在全球化背景下，各国都积极利用互联网优势打造自己的意识形态网络传播平台，从而提升其国际地位，进一步扩大其影响范围。网络媒体已成为各国传播和扩大意识形态的主要平台。

国外媒体如 Radio Australia、Radio Free Asia、Radio France International、Deutsche Welle、Radio Canada 等，都针对中国青年开通了中文网站。这些网站都是其他国家基于本国利益建立的，带有一定的政治色彩。中国政府高度重视意识形态的固本工作，积极面对来自境外的各种信息冲击，不断提高主流思想信息的发布比例，并在世界各国网络空间积极发声。

（一）网络多层外部传播模式基本形成

1995年以来，我国逐渐普及互联网，各级政府借助互联网平台优势，积极主动展开对外交流活动。2021年4月22日《中国科学报》报道，《全球域名发展报告》发布。根据该报告，"2020年全球域名保有量新增673万，达3.78亿，其中中国市场域名保有量达4606万，位居全球第二。在全球多语种域名中，中文域名继续担任领跑角色"。[①] 报告显示，中国市场顶级域名已经高达2067万，市场占比最高，已经接近世界域名市场的一半。新增通用顶级域名在总量中占比23.6%，而全球的新增通用顶级域名占比仅为8.54%。

中国已经有多家网站开通了国际新闻频道。这些网站结合中国的国情，以新闻报导为导向，把中国的社会、政治和经济等情况，及时、全面、系统地介绍给全世界，阐述中国在国内外事务中的重要立场，向全球发出自己的声音。例如，People's Network 分别采用英语、汉语（包括简体中文、繁体中文）、法语、日语、西班牙语、俄语和阿拉伯语等十多种语言向全世界发布各类信息。China Net 运用9种语言以文字、音频、视频、图像、动画等多媒体的方式向世界发布信息。新华网也充分依托新华通讯社遍及世界各地的分社新闻信息采发系统，不断更新网站上各类信息。中国国际广播电台在世界各地设立办事处，使用英语、西班牙语、日语等多达65种语言"向世界介绍中国，向中国介绍世界，向世界报道世界，增进中国人民与世界人民之间的了解和友谊"。中新网、央视国际等新闻网站设立了多语言国际交流平台在网络上发声。少许商业门户网站开通了外语频道，以此促进国家间的文化和经济

---

① 科学网.《全球域名发展报告》发布［EB/OL］.（2021-04-22）. https：//news.sciencenet.cn/sbhtmlnews/2021/4/362133.shtm.

交流，广泛传播我国的政策、舆论、价值观等，进一步提升国家和政府形象。

（二）多种类国内主流新闻网站基本建立

根据中共中央网络安全和信息化委员会办公室颁布的《互联网新闻信息服务管理规定》，互联网新闻的信息采编和发布，应当由新闻单位（含其控股的单位）或新闻宣传部门主管的单位进行。[①] 我国全面落实网络媒体平台建设的相关规定，以确保主流意识形态的高效表达和传播。

在我国，新闻网站主要分为四类。第一类有人民网、新华网和中央重点新闻网站。第二类有中国网、百度和网易等省级新闻网站。第三类为桂林、深圳和南京等地级新闻网站。第四类为专业商业网站。这些新闻网站之间的竞争非常激烈，特别是进入 21 世纪后，随着社会经济发展，它们不断地调整发展模式，积极创新传播方式，各梯队间的差距逐渐缩小，相继稳定下来。重点新闻网站实现了多元化变革，占据了网络信息格局的主导地位，逐渐形成了以中央新闻媒体网、各部门新闻网、专业新闻网和商业网为主的，多种类、多梯度和功能齐全的网络媒体集群，我国主流新闻媒体的优势得到充分发挥，新闻媒体的传播和作用范围进一步扩大。

（三）各级政府建立了门户网站

中国政府是国家意识形态的建构者，肩负着治理网络媒体的重要任务。如果把网络空间纳入社会秩序来治理，必然要求政府开通门户网站。从 1999 年开始，各级政府逐渐构建起门户网站。政府门户网站建设之初，主要发布政府机构的设立情况、行政命令和重大政策，以及公布机

---

① 中共中央网络安全和信息化委员会办公室.互联网新闻信息服务管理规定［EB/OL］.（2017-05-02）.http：//www.cac.gov.cn/2017-05/02/c_1120902760.htm.

关相关职能和主要官员的个人信息等。事实证明，政府门户网站自开通以来，充分地体现出其信息服务和线上办事能力，使民众和政府得到了更加有效的沟通。

2002年8月5日，中共中央办公厅、国务院办公厅转发《国家信息化领导小组关于我国电子政务建设指导意见》，指出加快政府信息公开的步伐迫在眉睫，并要求各级行政部门建立本级政府门户网站，不断提高政府的服务水平。在该指导意见发布后的一年里，地级市政府官方网站相继创建完成，能及时地听取群众的呼声、意见和建议，积极回答群众关注的基本问题，解决群众的实际困难，为群众提供便捷的服务，让政府的形象逐渐深入人心，使主流意识形态的传播效果得到增强。

（四）思想教育网络平台基本建立

从2000年开始，中国政府全面推进全国的信息化工作，各级政府网站结合本级政务需要，按照国家要求相应建立起互动反馈机制，组织对网民的系统教育。特别是南京市和上海市等政府网站的建设走在全国前列，专门开设了非常有特色的教育专栏。我国政府网站全面推进人性化的"互联网政务"，大部分政府实行网上采购，并提供网上申请、审批和咨询等一体化服务。与此同时，政府网站对网民加强马克思主义理论教育，具体指导网民的实践活动。现阶段，各级政府建立了本级的教育平台，一些新闻媒体网站树立思想建设典范，新闻媒体成为传播正能量的重要媒介。由中宣部和中央文明办牵头相继建立的思想政治工作网、中国共产党新闻网、中国文明网，始终坚持"传播党的声音，加强党和群众的关系，推进党的工作，树立党的形象"的原则，并由人民网全面解读党和国家政策、方针，全面系统地开展思想教育工作。

全国高校搭建起红色网站教育平台，思想教育工作成效显著。各高校网站开辟思想教育专栏，发起教育话题，引导学生参与教育话题讨论，组织学生在线学习和测试，积极开展政治理论教育，对青少年群体的思想教育实践发挥着重要作用，如南开大学的觉悟网，网站开通以来，发挥网络优势，实现了思想政治工作的感召力、渗透力和影响力，觉悟网记录了觉悟社"追求真理、报效国家"的精神，建立起马克思主义的网点阵地，把青年学子凝聚在这里，倾听党的声音，了解国家的大政方针，成为他们的"红色家园"。

二、搭建新媒体全方位安全管理体系

新媒体为高校思想教育工作提供了一定便利的同时，也带来了一些问题。加强互联网各方面的管理，可能会受到来自文化传统、言论自由、技术发展等方方面面的限制。但是，互联网绝不是法外之地，一切网络言行都必须遵纪守法，并接受行政监督、行业自律和技术监管，要全民行动起来确保意识形态安全，确保网络空间风清气正。

（一）推行制度监督

推行对新媒体平台的制度监督，务必从网络信息源头上抵制来自西方的思想和文化渗透。

第一，全面实行用户实名制度。用户使用微信、微博、抖音、校园网站等新媒体平台，必须使用身份证、护照或者其他有效身份证件注册，登记个人真实信息，经网络平台后台验证审核通过后，才能以虚拟网名或者真实身份登录其个人账号。新媒体网络平台通过一定的技术手段，实时跟踪和记录用户账号、登录时间、上网地址、域名、电话等相关信息。网民在公共网吧使用网络平台，网吧经营者必须实名登记其身份证信息，并依照网络管理相关规定，主动向有关监管部门提供相关信息，筑牢和维护虚拟网络媒体空间的安全。

第二，实行经营机构实名登记审查制度。国家安全管理部门严格监管从事互联网信息的服务机构，监管经营单位严格落实有关技术规范和信息化审查制度，监管网络服务机构实名登记情况，监管经营场所状况等。网络信息化行业主管部门和经营者，必须实名登记办理合法经营资质，提交有效的个人 ID 号，以确保虚拟社会的身份被准确验证。

第三，履行责任人电子公告制度。经营管理主要负责人必须遵守电子公告业务的相关规定，向互联网代理机构申请或备案，只有在取得服务许可证后方可开业经营，以确保合法性。

近年来，随着互联网及新媒体的兴起，国家相关部门相继发布了管理文件。2016 年 11 月 7 日，第十二届全国人民代表大会常务委员会第二十四次通过《中华人民共和国网络安全法》，自 2017 年 6 月 1 日起开始实施。该法是我国第一部全面规范网络空间安全管理的基础性法律，对我国网络空间法治化建设具有重要意义。监管网络空间是维护国家主权、保障社会公共利益、保护公民、筑牢国家信息安全底线的重要途径。2017 年 5 月 2 日，《互联网新闻信息服务管理规定》正式公布，并于同年 6 月 1 日起开始实施。该规定提出，通过互联网站、应用程序、论坛、博客、微博、公众账号、即时通信工具、网络直播等形式向社会公众提供互联网新闻信息服务，应当取得互联网新闻信息服务许可，禁止未经许可或超越许可范围开展互联网新闻信息服务活动。[①]

（二）强化新媒体网络技术监管

国家科技发展规划已将先进网络文化建设和网络文化安全纳入其中。规划中明确指出，要建立国家公共安全早期监测、快速预警、有效处置的综合应急决策指挥平台，致力于研发适应新时代发展要求的网络信息安全监管设备和监管技术，充分利用高科技设备、技术和手段，有效防

---

① 中共中央网络安全和信息化委员会办公室.互联网新闻信息服务管理规定［EB/OL］.（2017-05-02）.http://www.cac.gov.cn/2017-05/02/c_1120902760.htm.

止不良信息的网络传播。当今，我国网络信息监管技术已经十分完善。监管技术可分为四个层级：信息获取技术是第一层级监管技术，它既包含主动获取技术，也包含被动获取技术，利用相应网络入口，并通过一定的网络技术获取信息。控制阻断技术是第二层级监管技术，主要利用一定的关键词或嗅探器等手段，识别非法信息内容，辨识和侦测网络信息发布者，延迟事阻止用户访问。一方面，以我国现有的三个国家级网络管理网点为基础，对这些重要出口设置了一定的权限限制，阻止国外用户非法侵入关键入口，有效地阻止了外部入侵。信息识别与检测技术属于第三层级监管技术，主要识别用户获取的信息，并对其进行分类和判断，有效阻断病毒入侵、传播黄色以及暴力等信息。网络文化安全预警技术属于第四层级监管技术，国家建立了网络安全应急响应和快速响应预警机制，及时发现和阻断不良信息内容在网络传播，对网络文化的发展进行跟踪、评估和预警。

（三）设立网络自律协会

2001年5月，互联网设备制造商、运营商、系统集成商、服务提供商，还有行业教育和研究机构，共同成立了中国互联网协会，主要负责制定互联网行业运营和管理方面的自律公约，管理和规范整个互联网行业的一切行为。为确保互联网行为规范和秩序的稳定，中国互联网协会针对互联网经营现状，出台了大量的行业自律公约，如《互联网媒体发展自律公约》《文明互联网自律公约》《中国互联网行业自律条约》等，以加强我国意识形态方面的建设。同时，为全面禁止不良信息、禁止色情网站，文明博客计划、新媒体服务自律条约相继发布和施行。行业自律公约既维护了我国互联网信息安全，也筑牢了文化价值观的底线，在网络空间的作用日益凸显。

第二节 新媒体发展给网络传播环境带来的挑战

从新媒体传播的现状来看,网络传播在给网民带来方便、快捷和欢愉的同时,也带来了很多问题和挑战。网络传播秩序随着新媒体技术的发展和创新,到底会面临什么样的挑战呢?本节以社交媒体和移动新媒体的发展趋势为例,主要研究社交新媒体对传统网络传播主体、传播受众和媒体以及当前网络传播环境带来的挑战,探讨交互式新媒体对现有网络传播系统的影响。

一、新媒体对传统网络传播受众的分化与颠覆

(一)新媒体对传统网络传播受众身份的颠覆

网络传播受众最初是指古希腊的国家仪式、宗教仪式、公共戏剧和音乐表演等活动的观众。经学者研究发现,网络传播的受众通常与人们在特定场所的聚集习惯有关。根据英国学者丹尼斯·麦奎尔(Dennis McGuire)在《受众分析》一书中对受众问题的描述,我们可以推断出古希腊网络传播受众的一些典型特征:第一,观看和接收信息及表达是有计划、有组织的;第二,传递的信息、对信息的关注和选择是自愿的;第三,信息的制定者、传递者、组织者和观看者都是专门化的;第四,信息的传递者及传播受众都必须亲临现场。[①]古希腊、古罗马的交际受众被置于一定的时间和空间,在"受众席"中边听边看,全体受众拥有相同的体验和背景。今天,网络传播中的受众仍然存在着这种潜在的集体状态,比如国庆庆典、政治竞选宣传等活动。

随着科技的进步和时代的变迁,印刷书籍相继面世,大众媒体受众

---

① 麦奎尔.受众分析[M].北京:中国人民大学出版社,2006:3-4.

应运而生。印刷产品的出现,突破了时间和空间方面的局限性,实现了远距离传播和延迟传播,从而让传播变得更加隐秘。其中,报纸、书籍、杂志发挥着非常重要的作用,特别是出现"便士报"之后,其低廉的价格、丰富的种类等特点打破了社会阶层与传播受众的界限,进一步扩大了传播受众的范围。随着时代的发展,印刷产品的种类更加多样化,大众传媒的受众也变得越来越多元化,受众活动比原有受众更加异质化、更加分散化。正是这个时候,由于政治传播稳定的结构模型已经形成,政党和国家统一发布政治信息,成为政治传播的主体。如杂志、报纸和书籍等大众传媒,成为政治信息广泛传播的宣传媒介。受众通过阅读印刷产品形成思想上的认知,最终通过社会行为反馈和强化政治信息。后来诞生了广播、电影等媒介,也就相应出现了社会科学意义上的受众概念,信息传播的渠道得到进一步拓宽,变得更加丰富。但从本质上讲,传播受众的身份并没有发生根本性变化,受众依然是被动地接收信息,其媒介接触行为依然被各种不同的社会关系所中介。①

新媒体的发展推进了当今社会的变革,同时也促使"主导性受众形态"快速形成,这种受众新形态与早期传播受众相比,除有很多相似之处外,还具有数量更大、更分散,个性化和私密性更强的特点。其原因在于移动新媒体、互联网、社交媒体等显著的特征是去中心化,所有受众主体均享有"平等权利"。新媒体具有的开放性特征,促使网络传播的形式、网络传播的主体和受众的价值取向变得越来越多元化。社会化媒体、移动新媒体以及社交媒体等均是专业媒体和新媒体的结合,颠覆了新媒体环境下政治传播受众的身份,使得人人都有机会成为记者,政治传播从某种意义上来讲变成了政治交往。受众相互间的信息交换模式已经由传统的线性传播模式转变为非传统的线性传播模式。

下面,我们以微博社交媒体为例,对"病毒灵"事件进行深入剖析,

---

① 麦奎尔.受众分析[M].北京:中国人民大学出版社,2006:9.

以展示新媒体对传统受众的影响。

案例一:"病毒灵"事件

2014年3月10日,陕西西安枫韵幼儿园一位家长发布了一篇微博,爆料幼儿园老师经常给孩子服用不明药物,经证实服用的是一种抗病毒药物——盐酸吗啉胍片(别名"病毒灵")。

经微博爆料之后,该事件迅速发酵广泛传播,引起全社会的关注。

次日,枫韵幼儿园门口聚集了十多名家长,他们封锁了周边道路,寻求幼儿园的解释。当天,西安迅速启动应急处置预案,成立由多部门组成的工作小组,进入枫韵幼儿园调查事件详情。与此同时,关闭枫韵幼儿园,停止教学进行整改。

12日,市公安局公布调查结果,枫韵幼儿园存在违规行为被教育局临时接管。

13日,枫韵幼儿园"病毒灵"事件调查和处理终结,教学秩序恢复正常。

从事件的处理结果上来看,此次"病毒灵"事件和以往的突发事件不一样,整个事件很快得到关注并得到妥善解决,避免了媒体的过度曝光。

从事件的发展过程来看,事件爆料后,微博起到了推波助澜的作用,使这次事件与以往的医疗事件又有所不同。

从新浪微博的关注度上来看,"病毒灵"事件爆料后,经两天时间媒体发酵,12日相关微博发布量就达到85696条。相关部门快速介入后,微博关注量才逐渐下降,一周后,事件平息。

从新媒体的传播速度和效果上来看,在微博的裂变式传播效应下,人民日报等主流媒体关注并大量转载、评论,以及受众的激烈讨论,催生和形成强大的社会舆论和影响,使其迅速成为民众高度关注的公共事件,瞬间成为社会关注的焦点。

从传播的即时性来看，微博可以让发布的信息在瞬间传播到世界各地，迅速吸引大量受众、主流媒体和其他社交媒体的关注，瞬间聚拢大量人群参与讨论和转发，发表个人观点。爆料事件的家长成为微博信息的发布者，因此传统意义上的受众已经被颠覆。信息发布者是社会普通一员，并不是专门的新闻、信息的组织或机构，其发布的内容并没有事先筹划和详细的文案，只是通过互联网表达自己的诉求，寻求社会关注和解决问题。在互联网的发酵下，最终引发民众的高度关注和共同参与，相关部门在强大的公众舆论引导下，迅即启动应急机制平息事态。

在新媒体时代，传播主体与传统传播受众间的基本关系被彻底颠覆，信息的接收者和发布者之间的边界也被模糊，接收者可能成为发布者，发布者同时也是信息的接收者。自从移动互联网面世后，它很快就塑造了受众与传播主体之间另外的一种新型关系，传播的主体也相应变得越来越多元化。随着科技的发展，移动互联网智能终端的使用变得更加方便快捷，体验感越来越强，更多的移动应用被普通大众接受和熟悉，受众与政治传播者之间的专业知识差距逐渐缩小，政治传播的受众、媒介和主体之间的边界越来越模糊。

新媒体与传统媒体两者之间深度融合的核心是人，即人的融合。受众与专业传播者两者之间的融合，还包括硬件的融合。实际上，政治传播的受众并没有被新媒体完全颠覆，而是促进了传播关系的转变，从而缩小了参与者之间的社会差距和空间差距。

（二）新媒体分化了传统网络传播受众群体

1. 网络传播受众的个性化和多元化

新媒体时代最大的特征是个性化明显，随着新媒体种类的增多，传播内容的个性化，受众的关注点会不断分散到不同的媒体中。广播出现后，报纸并没有退出历史舞台，仍然发挥着重要作用，电视的出现也只是新增了一种传播介体,分化一些受众,同样无法取代广播的传播地位。也就是说,新媒体产生后,原有的传统传播媒体仍然在历史舞台上发挥作用,只是丰富了网络传播的渠道,在很大程度上增加了受众的选择,促使媒体之间的竞争不断加剧,从而新增了许多诸如"圈友""果粉"等兴趣一致的社会群体。

媒介技术的不断发展,也带来受众接受方式的改变,新媒体的视频、AR等技术的应用为受众带来沉浸式体验。从受众心理因素来讲,个人的偏好和特定媒介的使用习惯不同,传播者的个性也各异,不断变化的受众需求以及新技术的出现,为新媒体带来新的机遇,使传播内容不断多样化。

从政治媒体本身因素来讲,媒体的宣传、供给结构和体制等,在很大程度上影响着政治传播。针对不同的社会结构和地理环境,要求政治传播者在传播信息时因地制宜。政治传播的出发点是不断地将信息传递给受众,让广大受众形成一定的认知。各种新媒体也不例外,它们最终会形成属于自己的广大受众群体。各种传播媒体相互之间,虽然在一定程度上仍然存在激烈的竞争关系和相互共存关系,但是伴随着移动新媒体的进步和互联网的发展,媒体素养会存在一定的偏差。这将有助于新媒体不断拓展版图,受众的注意力被吸引和进一步锁定,受众对媒体的选择越来越个性化和多样化。

数据一:

2022年2月,CNNIC发布了第49次《中国互联网络发展状况统计报告》[①],报告显示:

截至2021年12月,我国网民规模达10.32亿人,较2020年12月增长4296万人;互联网普及率达73.0%,较2020年12月提升2.6个百分点。

截至2021年12月,移动电话用户总数达16.43亿户,全年净增

---

① 资料来源:中国互联网信息中心.第49次中国互联网络发展状况统计报告[R/OL].(2022-02-25).https://www.cnnic.cn/n4/2022/0401/c88-1131.html.

4875万户。其中，4G移动电话用户为10.69亿户，5G移动电话用户达3.55亿户。

截至2021年12月，我国网民使用手机上网的比例达99.7%；使用台式电脑、笔记本电脑、电视和平板电脑上网的比例分别为35.0%、33.0%、28.1%和27.4%。①

从以上数据可以看出，互联网正在从"广泛"普及向"深入"发展。随着互联网在社会上的广泛普及，网民的规模不断壮大，受众的注意力受到影响，有的受众会脱离原来的传统媒介，进而选择新的互联网媒体，受众分化的转折点逐渐显现。

从数据一我们可以看出，使用不同设备上网的网民规模存在较大差异，手机网民占到99.7%，而台式电脑网民只有35.0%。互联网总用户数的增加，必然促使依附在传统政治传播媒体之上的受众，向以移动互联网为主体的移动新媒体分散，政治传播的互动性增强，时效性也得到大大提升。

数据二：

另据CNNIC发布的第49次《中国互联网络发展状况统计报告》：②

截至2021年12月，我国网民的人均每周上网时长为28.5小时，较2020年12月提升2.3小时；

截至2021年12月，我国互联网政务服务用户规模达9.21亿户，较2020年12月增长9.2%，占网民整体的89.2%。③

数据二显示，核心受众接触网络的时间很长，表明其已经离不开网络，依赖性逐渐增强。

从以上数据可以看出，我国网民总数量已达10.32亿人，上网时间

---

①②③ 资料来源：中国互联网信息中心.第49次中国互联网络发展状况统计报告［R/OL］.（2022-02-25）.https://www.cnnic.net.cn/hlwfzyj/hlwxzbg/hlwtjbg/202202/t20220225_71727.htm.

平均每周达28.5小时，较2020年底提升了2.3小时。随着科技的进步和新媒体的不断发展，新媒体的多样化提升，周均上网时长还有可能大幅提升。当前，网民获取信息的主要渠道仍然是互联网。各级政府和大多数公众人物，主要依托互联网对社会进行引导。随着技术的逐渐成熟，微博等平台已成功转型，成为主要的社交媒体之一，特别是它已经成为各级政府聚民心、树形象、得民意和处理公务的重要平台。近几年，尽管微博不同程度地受到微信等的冲击，微博受众进而转向其他新媒体，"博粉"群体总量有所下降，但它有知名度、强大的粉丝基数、强大的渗透率、强大的传播率，仍然是强大的传播工具，能够迅速形成信息的洪流。

关系之间的转化是新媒体影响政治传播的主要元素，同时，它也促使内部关系变得个性化、多样化。美国学者格兰诺维特认为，人际关系网络可以分成弱关系网络和强关系网络两类。据此，我们把新媒体平台同样划分为弱关系平台和强关系平台。微信的主要服务是即时消息，因此它是一个强关系平台。微博是弱关系平台的主要代表，其传播速度是裂变式的，普通受众很容易盲目地跟随那些"意见领袖"，从而影响舆论的发展方向。

2. 信息鸿沟

何谓"数字鸿沟"？它指的是信息的存量、发布或获取相对富余的人，与那些信息比较欠缺的人之间存在的差距或差异，也有学者称其为"信息鸿沟"。与其他传统媒体相比，新媒体可以促进和加快信息在互联网上的瞬间流动。新媒体实际上是一把"双刃剑"。一方面，它是信息流动的推进剂，加速了信息的流动；另一方面，它加速分化了社会阶层。早在20世纪末，时任美国总统克林顿就提出消除数字鸿沟的计划，但结果不尽如人意，最终以失败告终。实际上，随着计划的推进，反而加大了数字鸿沟。经分析研究发现，正是不同群体和不同阶层在媒体使用素养上的巨大差异，加速了数字鸿沟的进一步扩大。基于此，政府运用新媒体平台组织政治传播，正是由于受众选择信息、社交范围和理解上的巨大差异，"马太效应"出现在克林顿政府实施的消除数字鸿沟计划中。

下面，本书依托我国网民的基本属性结构，从网民受教育程度、网民年龄以及网络普及率三个方面，深入研究导致数字鸿沟的原因。结合上文数据一和数据二，截至2021年底，我国互联网普及率城镇地区为81.3%，农村地区为57.6%，城乡地区差异逐年缩小。我国网民达10.32亿人，其中城镇网民为7.48亿人，占网民整体的72.5%；农村网民为2.84亿人，占网民整体的27.5%。60岁及以上老年网民规模达1.19亿人，占网民整体的比例达11.5%，60岁及以上老年人口互联网普及率达43.2%；50~60岁网民占比26.8%，高于其他年龄段群体；20~29岁、30~39岁、40~49岁网民占比分别为17.3%、19.9%和18.4%。互联网进一步向中老年群体渗透。[①]

从以上网民属性结构可以看出，城镇互联网普及率为81.3%，农村互联网普及率为57.6%，城镇和农村相差23.7个百分点，但差距在逐年缩小；城镇网民规模占比72.5%，农村网民规模占比27.5%，城镇网民和农村网民规模相差45.0个百分点，其差距也在逐年缩小。以上数据及其分析表明，在我国，不同地区的城镇或农村，因年龄段、文化程度和互联网普及程度的不同，网民规模差异仍然很大，但这种差距随着社会的发展在逐年缩小。这充分说明网络传播受众对信息掌握程度的不平衡。

新媒体伴随着移动互联网和移动通信社交媒体越来越深入我们的生活。本书认为，不同的受众群体在不同区域选择和使用的媒介不一样，必然会导致受众在接收政治信息的速度、数量和质量方面存在一定的差异。如此，网络通信的效果会大大降低。

---

① 资料来源：中国互联网信息中心.第49次中国互联网络发展状况统计报告［R/OL］.（2022-02-25）.https://www.cnnic.net.cn/hlwfzyj/hlwxzbg/hlwtjbg/202202/t20220225_71727.htm.

二、新媒体与传统网络媒体的碰撞和融合

（一）新媒体与传统网络媒体的碰撞

2013年以来，我们日常使用的媒体平台既有互动性比较强的强关系平台，比如以微信、微博、QQ为代表的平台；也有以新闻客户端、微博为代表的弱关系平台。它们均是具有强流动性、强动员性、强融合性、强渗透性的新媒体；与此同时，它们也挑战着传统媒体的生存空间，冲击着传统媒体的发展。例如，本来发展不错的传统媒体英国广播公司（BBC），同样受到来自新媒体的严重冲击，不得不进行变革，首先"革自己的命"，最终才得以绝地重生。

案例二：微信政务

2013年4月20日，在四川芦山7.0级地震发生后，110千米以外的成都市震感强烈，部分成都市民出于避震考虑聚集在广场上。强震过去19分钟后，成都市政府在微信公众号"微成都"上发布地震基本情况。避震市民在"微成都"上了解情况后，迅速有序地离开了广场。

2012年8月31日13时52分，也就是在"广州应急——白云"微信公众号开通的第二天，广东某区域发生了地震。政府在"广州应急——白云"上发布东经114.64°、北纬23.75°发生4.2级地震，震源深度11千米等地震消息，广州民众在公众平台第一时间了解了地震的基本情况，这充分表明政府在发布预警信息和应对突发事件时，微信公众号发挥了极其重要的作用，增强了公众与政府的互动性。

众所周知，信息传播的精准性、交流沟通的可达性是微信的基本核心。由此我们可以看出，在应急预警和应急处置突发事件中，微信公众号的优势尤其明显，充分凸显出其具有更高的信息传播率，也体现了其用户渗透率。因此，我们可以得出结论，政务微信实际上可以帮助政府

在互联网上有效地传播信息。事实也说明，微信"一竿子插到底"的快速传播模式是传统媒体无法比拟的，而这正是微信新媒体大大优于传统媒体之所在。

微博、微信和各种论坛等作为新媒体中的社交媒体，如果有1000人在关注它们，那么其信息的传播能力和传播效果，实际上同一个校广播站相当。如果有1万人在关注它们，那么其能量相当于一个全国性的杂志受到的关注。如果有超过100万人关注它们，那么其传播能力与一份全国性的报纸相当。如果粉丝关注人数超过千万，那么它的影响力远远超过一个卫星电视频道。传统媒体受到社交新媒体最大的影响是受众不断地转移注意力。信息的输入和输出不完全受控制是传统媒体的最大短板，而新媒体自下而上的传播方式，影响和挑战着传统媒体自上而下的传播方式，这是什么原因呢？

第一，在当下，网民获取信息主要靠"碎片化阅读"。网民自我意识的提升，以及传统媒体或政府的"权威"性受到挑战，这可能是碎片化信息受到网民青睐的主因。弗吉尼亚大学艾伦·雅各布斯博士的传记《消遣时代的阅读乐趣》是备受好评的畅销书，他在书中反复提到在这个碎片化时代如何享受阅读。由此可见，信息的碎片化问题不再是某国的问题，它已经全球化了。进入"大数据"时代，"碎片化信息"问题迎刃而解，它用海量数据来解释这个世界。新媒体充分利用网络超海量的信息容量，将多个传统媒体的稿件来源整合为特定话题，不使用特定媒体和媒体内容进行传播。主流媒体的传统受众被各种新媒体分流，呈现出流失的趋势。

第二，从受众的切身利益分析。随着新媒体的进步和发展，特别是移动技术的发展和智能终端的广泛普及，网民获取信息的成本大幅度降低，专业化的门槛也越来越低。在当今互联网时代，只需要一部手机、笔记本电脑或平板电脑等移动智能终端设备，再加上随处可连的移动网络或者Wi-Fi，网民就可以以微视频、文字或图片等任意形式在网络媒体上发布信息，以此来表达自己的思想或意愿，并可瞬间传遍全球任何角落，令新媒体广泛传播的特征得到充分体现。在网民消费支出方面，新媒体网民只需要购买一定的流量，就再没有其他消费了。而网络流量费相对便宜，且随着网民使用互联网的规模不断扩大、移动互联网平台的不断发展和建设，网络流量费只会越来越便宜，网民消费成本也会更加低廉。现实中，由于主流媒体厚重的责任感和"执牛耳"的权威性，及社会公众的苛刻要求，在很大程度上约束了主流媒体对稿件、图片、文案的撰写和编排等，而在收集资料、文案及信息的制作方面，需要投入更多的人力和经费，可以说，新媒体解决了传统媒体高昂的成本费用问题。多数传统媒体在收入回报方面如不能依赖向用户收费，其收入来源就得靠广告赞助商，但大篇幅的广告会使用户质疑其客观性，使得用户体验感并不强。而新媒体不向用户收费，主要向植入的隐形广告商收费，受众的体验感相对更强。

第三，普通公众与信息发布者之间及时的互动。正是由于受众和社交媒体之间的互动性非常高，公众十分依赖社交媒体。加之，社交媒体能够很好地切中受众心理，受众的即时沟通需求又能得到极大满足。微博上的信息，非常贴近老百姓生活，内容通俗易懂，且公众可以就某一话题发表看法和意见，进而引导舆论，形成话题导向。在紧急突发事件中，微博的传播速度和内容的丰富性是传统媒体无法比拟的。就连大多数专业的记者，也紧盯微博，通过微博获取更多、更快的新闻线索。

作为社交媒体的代表，微博向社会提供了一个交流的平台，无论是组织还是个体，只需经过实名认证，就可以不受任何时间和空间的限制，相对公平地交流和获取传播信息。伴随新媒体而来的是对传统媒体极大的冲击。随着网民自我意识的不断提升，以及传统媒体自身"权威性"的减弱，信息的传播不用经各种"把关人"的层层审批。因此，网络传播从一元时代进入了多元时代，在很大程度上削弱了传统媒体的地位。

（二）传统网络媒体与新媒体的融合

随着网民理念的不断更新和信息的开放程度不断增强，新媒体的传播功能将会不断打破空域和时域等多方面的壁垒，信息的流动将会更加复杂化。不断丰富的新媒体形式，极大地挤压了传统媒体的舆论空间，传播渠道更加多样化，舆论的主体也更加多元化，民间舆论和官方舆论相互交织，新格局基本形成。同时，传统媒体广泛地借用新媒体平台，不断拓展和延伸信息传播的新渠道。

第一，传统媒体与新媒体深度融合，进一步拓宽传播渠道，以此发挥传统媒体的舆论引导作用。传统媒体进行数字化变革，以吸引更多的受众关注、提高舆论的引导性等方式来优化用户的体验。传统媒体可以利用新闻客户端、数字化和官方微博等新媒体技术，弥补在时效性、灵活性和滞后性上的短板。传统媒体为发展需要，建立了官方微博、专栏微博和记者微博，充分进行大整合，并拥有"大数据"分析数据的基础，发挥用户的核心作用，从而把新媒体交互性强的特点融入其中，引导舆论更多地向新媒体平台延伸拓展，以此吸引更多的用户。在传统媒体融入新媒体的过程中，充分利用"大数据"技术，及新媒体较强的交互性、媒介形式多元化等特点，与新媒体进行充分整合。我们清楚，传统媒体生存的关键是重视用户的主体地位，形成既忠诚又稳定的用户群体。在"大数据"时代，传统媒体与新媒体充分融合，是传统主流媒体健康发展的必然趋势。

第二，提升传统媒体的影响力和社会效应，使传统媒体快速介入新媒体的热点话题。在互联网时代，新媒体信息无处不在，所有的热点话题一定事先会在新媒体上传播，瞬间引起大量网民关注，但这些信息是碎片化的，只能满足部分网民的好奇心，以致公众无法理性真实准确地了解热点信息，这是新媒体平台的短板，而这恰恰是传统媒体的优势所在。在案例一"病毒灵"事件中，一位家长只是通过微博发布了一条信息，微博上就瞬间聚集了众多网民，他们与该事件有共鸣，很快就加入热烈的讨论队伍。当传统主流媒体介入后，相关政府部门高度重视，经过调查研究，查找热点问题的根源和精准情况，最终解决和平息了该事件。在该事件中，微博新媒体是热点信息的引爆地，传统媒体如报纸、杂志和电视报道等是热点信息的助推剂，它在很大程度上推动了事件的有效解决，扩大了传统媒体的影响力。

三、新媒体对传统网络传播主体的冲击和强化

（一）新媒体对传统网络传播主体的冲击

在我国，主流传统媒体具有"指导性"的特征，一直由党和各级政府严格管控，也就是说，信息是由中心传向外围，受众要寻找和选择信息，必须到政治传播主体许可的媒介上去。实际上，主流传统媒体是政府行政职能的进一步拓展和延伸，它隶属国家权力机构，同时也是党和国家进行政治宣传的工具，其中政府既是信息源的掌控者，也是信息的"看门人"，它是党和国家用来引导舆论、表达集体对公众的认同和忠诚非常重要的手段。

美国媒介理论家保罗·莱文森（Paul Levinson）在其著作《新新媒介》中指出，科技的发展带动了新媒介技术的进一步变革，新媒介将彻底引发全球范围内网民的互动，正如美国作家克莱·舍基的"我们将看到一个人人参与的新时代"所说那样，这完全是全球兴起的一场公共运动。互联网的科技进步推动新媒体的发展进入快车道，新媒体已经完全打破了政治传播固有的层级化壁垒，实现了上层直接与底层的互动沟通。这种"互动"模式的出现，打破了在政府管控下的传统主流媒体发布政治信息的传统模式。因为，这是一种非中心化的交流方式，通过网络广泛延伸到世界各地，公众浏览政治信息不再受到更多的限制。网民可以从更多的角度、不同的方位来获取政治信息，因此，在新媒体盛行时代，传统的政治传播必须在不断的变革中创建一个与新时代同步的平台。

(二)通过新媒体强化传统网络传播主体作用

电视纪录片《互联网时代》认为,互联网不是其他媒体的"死海",它间接推动了传统媒体的创新。美国博客网站德拉吉报道的影响力震惊世界,其"每个公民都可以成为记者"的理念,掀开了全球网络"博客"的风潮。但新媒体绝不会使传统媒体的主体地位丧失,而是成为其有益的补充。沃尔特·李普曼在《公众舆论》一书中指出,公众舆论有可能受到某些人的控制,甚至有可能是捏造出来的,公众不太关注新媒体技术的出现,但政府十分关注,并试图有效利用并使其得到控制。

一是政治传播渠道进一步拓宽,不断强化网络信息的影响力。格雷格·怀特利导演的《竞选之路》是一部总统选举纪录片,它记录了巴拉克·奥巴马和他的竞选团队是如何在2008年美国总统选举中赢得选举胜利的。该电影反映了新媒体在竞选活动中的重要作用。奥巴马首次在竞选中使用脸书和推特等社交媒体,与选民进行及时的互动交流,及时推出与选民意愿基本一致的执政主张,结合传统的演讲、拉票等竞选活动,他通过社交媒体收获了大量选票。据有关数据统计,奥巴马在美国的50个州都注册了推特账号,关注奥巴马推特账号的网民达15万人之多,回应网民关注话题远远超过15万条。共有2160多万人在脸书和推特上支持奥巴马。希拉里·克林顿在竞选中,同样注册了推特账号,但主要用来宣传他们的竞选政策,社交媒体的互动性特点没有得到充分运用,缺失了互动交流的推特,其支持者只有6000人。尽管这些在社交媒体上的回复并不全是来自奥巴马本人,但通过推特互动,粉丝们仍然有一种直接与奥巴马交流的体验感,政治交流效果得到大幅增强。

二是及时回复和反馈受众关注的信息,提升舆论的引导能力。传播主体与受众之间及时的、直接的沟通,可以使传播主体迅速掌握受众关注的问题,即时了解政策实施效果,并根据掌握的实际情况进行调整,从而降低舆论可能带来的负面影响。2017年1月19日,人民网新媒体智库联合多家媒体发布《2016年社会治理舆情报告》，报告显示：截至2016年12月，经过新浪平台认证的政务微博达16.4522万个，其中，政务机构微博12.5098万个，公务人员微博3.9424万个。① 腾讯研究院与微信开放平台共同发布的《2015微信政务民生白皮书》显示，截至2015年8月底，全国开设的政务民生微信公众号已超过8.3万个，部委微信公众号拥有率超过40%，基本形成了由国家部委、地方各级政府部门组成的微信公众号应用体系；而今日头条的数据显示，头条号账号总数44万多个，政务头条号数量在2016年底已超过3.5万个，自媒体增长速度加快。② 微博与微信的"双微"联动机制已经基本形成。

案例三："双微"联动

2014年7月20日，新华社中国网事微博发布消息："三伏天！红十字会往海南灾区送棉被？"紧接着该消息迅速在北京晚报、羊城晚报等官方微博上转发，使其迅速成为焦点新闻。

第二天，海南省红十字会、中国红十字会通过主流媒体和微博先后发声，澄清事件真相：这个时节向灾区送应急救助物资，被子才是灾区最需要的。因为超强台风"威马逊"掠过的受灾地区，湿度大，温差大，阴冷潮湿。通过微博与主流媒体合力，客观、理性地回应各方质疑，快速平息了该事件。

红十字会及时使用官方微博等新媒体平台，并通过自己的官方微博和其他第三方机构共同发声，及时地回应了受众各方的提问，内容非常客观、清晰、直观。在舆论浪潮到来之前，中国红十字会采取针对性强、快速发声的机制，迅速化解危机。通过新媒体平台，各级政府积极收集公众信息，及时回应公众关切，加快了政治信息在网络间的流动速度，

---

①② 资料来源：人民网舆情监测室.重磅｜人民网舆情监测室发布2016年社会治理舆情报告［EB/OL］.（2017-02-07）. https://www.sohu.com/a/125689349_570248.

通过积极的舆论引导，使政治传播的效果朝正确的方向发展，最终实现了政治传播的目的。

为适应新媒体时代的需要，世界各国都建立了相应的机构。韩国设有电子政府，美国白宫建立了数字化战略办公室，我国各级政府已经建成政务微信、政务微博和政务网站。政府传播者不以市场为导向行事，而是喜欢按照专业模式去行事，因此容易与受众产生矛盾。政治传播主体必须充分运用互联网思维，以适应新媒体时代的发展要求，快速提升对政治传播方式的认知能力，随着政治传播生态的不断变化而改变。尽管在互联网时代，新媒体的发展拓宽了政治传播渠道，舆论引导能力也相应地得到提升，但它也给政治传播带来了诸多问题。

第三节　新媒体时代大学生思想教育面临的挑战

在国际形势大变革时期，互联网信息更加多元化，政治意识形态领域面临着复杂多变的局面。在这个纷繁复杂的时代，大学生意识形态教育、政治思想教育工作迎来了诸多新机遇，但也出现了许多新问题，甚至是新的严峻挑战。

随着移动互联网的广泛普及，社交媒体在社会生活中被广泛应用，尤其是"大数据"技术的出现和广泛运用，给人类社会生态带来了翻天覆地的变化，不仅影响了人们的思想观念、认知能力，在很大程度上也影响着人们的生活方式。据第49次《中国互联网络发展状况统计报告》，截至2021年12月，我国网民规模达10.32亿人，互联网普及率达73.0%，微信小程序日活跃用户突破4.5亿个，大学生上网率和智能手机使用率也接近100%。[①]

---

① 资料来源：中国互联网信息中心.第49次中国互联网络发展状况统计报告［R/OL］.（2022-02-25）.https://www.cnnic.net.cn/hlwfzyj/hlwxzbg/hlwtjbg/202202/t20220225_71727.htm.

据国际数据中心（IDC）的数据监测，全球网络信息和数据正经历着爆发式增长，2020年全球数据总量预计达到44个ZB（泽字节），我国数据量将达到8060个EB（艾字节），占全球数据总量的18%。① 互联网为世界各国意识形态、主流思想的传播提供了一个全新的平台，但其他国家的意识形态渗透变得更为隐蔽，传播速度变得更快，成为大学生思想教育工作面临的"最大变数"。

习近平总书记指出："网络和信息安全牵涉到国家安全和社会稳定，是我们面临的新的综合性挑战。"② 网络和信息安全极大地冲击了我国对大学生的意识形态教育，同样给高校思想政治教育带来了挑战，已经成为我国大学生思想政治教育建设必须面对的重要问题。

一、多元社会思潮通过新媒体影响大学生思想教育

习近平总书记指出："当今世界，意识形态领域看不见硝烟的战争无处不在，政治领域没有枪炮的较量一直未停。"③ 新媒体盛行的时代，主流意识形态的传播永远不可能结束。铺天盖地的网络信息，既包含价值判断，也包含非意识形态化的内容，而且在传播过程和内容上带有深刻的意识形态印记。

国内外某些拥有众多粉丝的所谓"公知""大V""网络写手"等利用其网络影响力，极大地影响了许多大学生的价值判断，使年轻人的思想认识在很大程度上受到影响。因此，我们必须对大学生的思想进行引导，使新媒体带来的负面影响减少到最小。

随着新媒体的不断发展，我们进行大学生思想教育的难度进一步加

---

① 资料来源：IDC：2020年全球数据总量预计达到44个ZB 我国占到18%[EB/OL]．（2020-04-25）．https://cloud.tencent.com/developer/news/192052．

② 中共中央关于全面深化改革若干重大问题的决定[N]．人民日报，2013-11-19．

③ 习近平．习近平关于社会主义政治建设论述摘编[M]．北京：中央文献出版社，2017：18．

大。主要体现在以下几方面：

第一，大学生身心发展还不健全，大学期间是其"三观"形成的关键时期，"三观"可塑性极强。西方势力正是抓住了大学生这种身心状况，向中国高校输出西方意识形态，并采取误导和诱骗等方式，达到使大学生认同西方价值观的目的。

第二，以赞助资金为诱饵进行渗透和控制。我国各高校都有各种社会团体，一部分社团的活动没有经费来源，需要社团自筹解决。西方反华势力利用资助活动经费的方式，在意识形态上渗透，并使用各种手段来控制社团的活动。

第三，大力培养"亲西派"的代理人。美国通常以培养有志青年和学术交流为幌子，在中国公开培植诸如"网络推手"和"意见领袖"式的代理人，通过这些代理人，在高校内传输西方价值观和意识形态，受到西方生活影响的大学生禁不起诱惑难免中招。

第四，用文化产品渗透。在文化产品渗透方面，主要包括文化工业和文化娱乐产品两类。大学生自主消费的引进版文化娱乐产品，诸如游戏、光碟、影视和各种书籍等，反映的是西方国家在政治、文化、经济等方面的价值观。这些文化娱乐产品，实质上就是西方进行意识形态渗透的媒介，代表了西方社会的价值观。

二、大学生思想教育的领导权、管理权和话语权受到挑战

（一）我国对大学生的传统思想教育，教育工作者掌握着话语权、领导权和管理权

教育的领导权问题是关系到一个国家的教育为谁服务的问题，更重要的是它直接关系到执政党制定的政策方针、意识形态和主流思想如何贯彻落实到位的问题。为此，任何一个国家或地区，政治阶层决定着教

育的管理权、领导权和话语权,一旦掌握了教育的领导权,对大学生意识形态教育的管理权、领导权和话语权也就牢牢掌握在了手中。在中国,无产阶级牢牢掌握着教育的管理权和领导权,充分体现了无产阶级的意志。党和国家主要通过以下措施来掌握大学生思想教育的领导权、管理权和话语权:一是由各级政府分级任免教育机构的领导;二是教育机构的主要经费来自政府的分配,政府牢牢掌握经费分配权;三是政府掌握教科书的统一编撰、出版、发行和分发权;四是政府掌握新闻媒体和舆论机构负责人的任免权。

在传统的教育环境里,可以说中国政府在控制意识形态教育的管理权、领导权和话语权方面是非常成功的。

(二)在新媒体教育环境里,思想教育的管理权、领导权和话语权的程度逐渐被弱化

1. 全球化对大学生思想教育话语权提出了挑战

在经济全球化的大环境下,世界格局发生了翻天覆地的变化。陆续崛起的发展中国家,给世界带来物质力量格局的新变化,但在国际上的话语权依然较弱。当今世界,中国的话语权随着经济实力的提升越来越强。然而,中国正处于经济结构转型和铸牢意识形态的关键阶段,在国际上的话语权仍然面临着威胁和挑战。

进入 21 世纪后,数字全球化势不可当,它已经成为这个时代的主流。尤其是人工智能、虚拟现实、全息成像等技术的运用,使人类进入一个互联互通、感知和智能的世界,在某种程度上实现了人与人之间、国与国之间,以至人与地球之间的自主通信、沟通和交流。在很大程度上,中国的话语权也受到来自智能信息全球化的威胁。以美国为首的西方国家凭借科技手段,利用大数据分析中国高校大学生的个人偏好及其行为特征,借助于大数据分析结果,并在新媒体等网络平台输出西方意

识形态，有目的地诱导和蛊惑中国大学生，通过不断渗透，侵蚀大学生的思想，攻占大学生的思想阵地。说到底，这就是一种文化入侵，在某种程度上也削弱了我国大学生思想教育的有效性。

2. "去中心化"特点解构了话语权威

报纸和杂志等传统媒体，采取由中心向外的传播方式，官方拥有绝对的控制力，牢牢掌握着主流媒体信息的发布和解读。而进入新媒体网络时代，我们每个人都可以发布自己的信息，信息的传播方式变成了网状结构，结构之间环环相扣没有中心，并产生了一种倍增效应，再也不存在以往那种复杂的信息审批和把关，传统主流媒体的权威性在这里也荡然无存。"去中心化"的新媒体，意味着没有集中的权力来"把关"，每个个体都可以解构话语。也有些人把这种变化比作从剧场到广场的变化：在传统媒体时代，只有站在剧场舞台上的人才有发言权。他们在上面演唱，受众在下面听。进入新媒体平台，公众犹如在广场上活动，各自畅所欲言不受约束，人人都是演员或观众，相互之间没有演员角色与观众角色之分。新媒体一直在解构话语权威，完全"去中心化"即将实现，而"去中心化"将影响对大学生的思想教育。我国大学生思想教育话语权的权威性受到新媒体的强烈冲击和挑战。

3. 多样性影响情感认同

在信息全球化时代，多元化信息促使大学生接受各方面的文化，影响着其情感认同和思想认同。大学生接触西方文化越多元、时间越长，情感认同被弱化的危机就越强。数字全球化提升了国家之间交流沟通的便捷性，而频繁的信息往复和文化的多元，会使大学生对本国情感的认同与对他国的情感认同此消彼长。认同弱化现象反映在科技、经济、政治、社会习惯等方面。

一方面，新时代年轻人对祖国的情感认同，已经或多或少被西方的多元文化削弱，以致社会上部分青年人出现了数典忘祖、崇洋媚外等现象。现如今处在纷繁复杂的多元化时代，公众在互联网上了解到来自四面八方的各类信息，难免会接触到多元化的西化意识形态，一定程度上影响了其意识形态。在当今市场经济环境下，盛行西式消费主义价值观，人们把自身利益看得更重，我国主流思想的影响力和权威性受到严峻挑战。在新媒体环境下，许多负面的社会现象被放大呈现，造成大学生的叛逆心理，在一定程度上动摇了我国主流思想的地位。

另一方面，情感认同被削弱的表现就是对自身文化的不自信。比如，一部分人接触到西方国家"孩子长大独立"的观念后，也开始讨论自己的孩子是不是18岁以后独立的问题，慢慢就质疑我国传统的"养儿防老"观念。从这点上来看，我们也不能完全否定情感认同被"削弱"的正面效应。在网络多元文化的交流中，我们完全可以有选择地吸收一些积极的新思想、新知识、新文化，取长补短，为己所用。

（三）新媒体严重冲击了主流思想教育内容

对于中国传统的意识形态教育，国家首先从教科书及其相关读物入手进行把控，同时严格审查影视作品、新闻媒体的宣传内容。例如，国家广播电影电视总局对从国外进口的电影和电视剧的审查标准就非常严格，与我国主流意识形态相悖的影视作品必将被拒之门外。可以说，国家对意识形态教育内容的审查体系相当严格又有效。

新媒体平台传播的信息有正面的，也有负面的，因此，控制意识形态教育内容的方式、方法和手段要有所不同。一些别有用心之人，出于各自不同的动机，发布的信息刻意歪曲事实真相，添油加醋地任意扩大或者缩小事实以博人眼球。甚至出现了"网络推手"，他们打着"平等""民主""自由"的幌子，发布反对社会主义的信息和言论。在此环境下，非主流和主流意识形态教育的内容相互交织，甚至缠绕在一起，你中有我，我中有你。"三观"尚未定型的大学生，对这种内容难以分辨，甚至无所适从。因此，对思想教育工作者来讲，教育的难度随之加大。据此，我国大学生思想教育在新媒体环境下受到了严峻的挑战。

（四）新媒体信息传播渠道削弱了舆论的控制力

话语权是我国大学生思想教育最重要的工具。在意识形态传统教育环境下，处于主导地位的执政党牢牢掌控着话语权，确保其主流意识形态处于主导地位。他们在控制的媒介上反映自身的意志和思想，这些意志和思想就是主流意识形态。除此之外，非执政党或阶级在新媒体上宣扬的思想，有的顺应执政党的意志和思想，也有的体现非执政党的意志和思想，是非主流意识形态。在新媒体平台上，任何政党、组织和公众均可以自由表达思想和观点，然而这些思想和观点是否符合主流意识形态，却是很难掌控的。由此可以看出，新媒体信息传播渠道会在一定程度上削弱舆论的控制力。

三、新媒体对大学生思想教育原有的体制、机制和整体效果提出了挑战

（一）教育环境越来越复杂，原有体系受到严重冲击

人类是群居动物，一直生活在特定的环境中。大学生思想教育工作作为一项社会活动，必须依托一定的环境，包括家庭环境、学校环境和社会环境。在新媒体时代，人们的世界观、价值观、生活方式发生了巨大的变化，环境变得更加复杂，这对我国大学生的思想教育产生了很大的影响和冲击。

1. 新媒体对家庭环境的影响

家庭环境是孩子茁壮成长的原生环境，也是他们迈向社会的第一步。父母的教育方法和教育态度，以及他们日常的教导和话语都将直接影响

孩子的健康成长与思想素养。家庭氛围、家庭观念和家庭物质条件是一个家庭环境的基本内容。新媒体的发展彻底颠覆了传统的家庭观念，民主已经成为家庭生活的主旋律。特别是，在当今城乡失衡的状态下，乡村学生面临着更大的数字鸿沟。

第一，家庭教育观念去中心化。中国人历来有"望子成龙"和"望女成凤"的传统思想。特别是有些父母在孩子很小的时候就把他们的未来规划好了，他们口口声声说是为了自己的孩子，但实际上他们是用自己的权威绑架了孩子选择的权利。在某种程度上，当前的报考公务员热潮反映了父母渴望子女有一份稳定的工作。还有大部分家长，他们只关注孩子的学习成绩，在他们心中只有"高分万岁"，花尽心思让孩子上各种补习班，而很少去关心孩子的心理健康，思想道德的教育更是欠缺，"高分低能"的孩子不在少数，也存在"高能无德"的孩子。这完全是传统惯性"金字塔"思维导致的，也是父辈一味地想给予孩子最优的学习环境导致的。然而，随着新媒体的发展，家长们接触到不同的理念，故而其教育观念也在发生改变。正是新媒体"去中心化"的特点，打破了陈旧的"万般皆下品，唯有读书高"的思维，家长们不再只盯着孩子学习，而是开始关注孩子的兴趣爱好，这样才能在"去中心化"的新媒体环境中寻得良好的生存环境。

第二，家庭日常生活氛围。家庭日常生活环境和氛围的好坏直接影响着孩子的心理健康，带给孩子某种程度上的内心体验。比如，有的父母关系不好、长期不和，夫妻之间甚至充满仇恨或互相攻击；还有的父母具有暴力倾向，当着孩子的面吵闹甚至是动手打架，更有甚者，连孩子也成了父母争吵时的发泄对象。据有关数据统计，生活在父母离异的单亲家庭的孩子，由于长期缺乏管教和父母双方的关爱，犯罪率较高。生活在这样家庭氛围里，无疑会增加思想教育的难度。

由于新媒体的各种冲击，家长们的"权威"受到了挑战。传统的父母权威主要体现在知识和生活经验方面，因为过去的知识传播渠道单一，主要是自上而下的迭代传递方式，这个时候的孩子可能绝对地服从父母。在当今时代，各种社交媒体无处不在，传播的知识和信息呈现多元化特点，相应地，扩大了大学生获取各种新知识的渠道。网络文化的广泛共享，网民之间平等的文化交流，促使传统的"金字塔"思维逐步瓦解，旧式文化的权威也逐步消失。大学生是使用新媒体的主力军，他们通过多元化的新媒体开阔了视野，活跃了思维，且很快就能适应新的环境。正是在大学生的"启蒙"和带动下，他们的父母学会了使用计算机和手机。可以想象，家庭成员之间的关系越来越平等，家庭民主已经逐渐成为社会生活的主旋律。

第三，家庭经济物质环境差异。中国40多年改革开放成果丰硕，同时拉大了城乡之间的差距，尤其是城乡二元结构问题不容忽视。特别是，在教育资源方面，呈现出教学的设施、质量和师资等资源差异化与不均现象。农村教育水平相对落后，学生的日常生活相对单调，视野相对狭窄，这会在一定程度上影响农村学生的成长。当他们考上大学去往繁华的城市，发现城里的生活环境与家乡天差地别，面对新鲜的事物内心充满好奇的同时又倍感压力，不免会心理失落，甚至会感到自卑。还有一些家庭条件较差的学生存在攀比心理，他们心思敏感、性格孤僻，以致无法专心学习。更有一些学生产生嫌贫、仇富心理。

这种差异在新媒体环境下会越拉越大。据特许管理公会（CMI）的调查和研究，农村大学生与城市大学生存在心理落差，他们在观念和认知方面差距较大。农村大学生信息和资讯相对匮乏，而城市大学生的资源丰富多样，拥有信息量和资源的多少直接影响大学生对事物价值的判断，也会导致他们创新能力和应用能力的差异化。曾经有受访者描述："那天我定了闹钟，凌晨4点起床，到网上偷菜。"一位来自农村的女同学可能不明白这句话的意思，所以她回答说："我妈妈也每天早上起来收菜。"由此可以看出，城市和农村之间存在一定的信息差异，这会给思想教育工作带来一定的困难。

2. 新媒体对高校校园环境的影响

对大学生开展思想教育的主战场在高校。高校是大学生步入社会十分关键的一站。高校校园环境既包括人文环境，也包括物质环境。人文环境主要指学校的校风和学风等软实力，而物质环境指学校的师资力量配置、基础设施等硬实力。创建一个好的校园环境的关键在于，高校领导要给予支持，并加强引导和严格的管理；高校大学生要积极参与、自觉维护和服从管理。以往，高校对大学生采取单项的"强势化"管理模式，学生作为被教育者很少参与到校园的具体事务中，使思想教育工作常流于形式。

从客观上讲，新媒体的发展促使高校的管理工作从原来的单向管理逐渐向人性化服务转变，从而提高了大学生亲身参与校园事务的积极性，也不断增强了大学生的主人翁意识。

为解决学生上自习"一座难求"的问题，西南政法大学推出了官方"西政自习"平台，以微信、微博和其他 App 三种方式服务学生，其实质就是为解决学生"自习去哪儿"问题的应用平台。"西政自习"平台一经推出便受到广大学生青睐，学生去哪里上自习变得一目了然，学生还可以通过"自习室"大数据统计结果，科学合理地分配自习时间和自习场所，省心省力也不浪费时间。该平台拥有强大的数据处理能力，可以根据查询和使用频率，通过大数据分析判断，将自习室、图书馆日常使用频率情况推送给学生，供他们安排自习时间和选择教室作参考。

3. 新媒体对社会环境的影响

这里所说的社会环境，指的是大学生除学校和家庭之外所要面临的十分复杂又包罗万象的需要相互沟通与交往的区域。在传统思想教育环境下，高校主要通过课堂、讲座、广播等方式实施教育，这种教育方式完全可控，所需的教学器材由教育工作者自主选择，思想教育环境也是可控的。

　　随着新媒体的发展，思想教育的社会环境变得越来越复杂，矛盾也越来越突出，不确定性成倍增加。随着我国科学技术的进步、经济实力的增强，经济全球化和文化全球化的趋势越来越明显。美国著名学者约瑟夫·奈提出："相对于政治经济的硬力量而言，文化是一种软力量，但是它对于经济社会的影响力和渗透力是持续不断的"[①]。新媒体信息传播速度非常快，加之没有传播上的阻碍，多元社会思潮和文化产品快速流入我国。在一定程度上使我国主流意识形态和地方文化受到冲击。在互联网纷繁复杂的信息流中，其内容既有进步的、健康的，也有低俗的、迷信和色情的。曾经有一位学者说："我国现正处于社会主义初级阶段，人的文化素质有限，在文化生活从极端贫乏到繁荣的急剧转变中，他们既常常渴望文化生活丰富多彩，又无法理性选择适合自己的文化形式，多半盲目跟从别人，思想状态处于一种游移不定的社会边缘"[②]。

　　思维活跃是新时代大学生的显著特征，他们特别喜欢尝试新生事物，同时，新时代的大学生还不够理性，禁不起西方各种思潮的诱惑，容易出现盲目跟风现象，甚至是陷入迷茫状态。特别是伴随我国经济实力的不断增强，社会结构相应进入转型期，这必然会带来些许阵痛。据国家统计局发布的数据，2021年，我国的人均GDP达到80976元人民币，同期汇率折算约为12551美元，已超过世界人均GDP。这一时期，我国经济进入发展的快车道，各种矛盾突出，各种社会问题交织频发。大学生在高校学习到了新知识，拓宽了知识面，学历得到提升，同时也扩大了社会的接触面，如何使大学生正确理性看待社会问题，是大学生思想教育的难点之一。

[①] 王子华.大学生思想政治教育实效性研究[D].成都：四川大学，2007：4.
[②] 陈啸吟.对增强高校德育实效性的思考[J].宿州师专学报，2002（9）：73-74.

我国高校的思想安全建设,对高校构建和谐的校园文化,尤其是维护社会的稳定、确保我们国家的安全有着重大影响。高校大学生肩负着建设祖国的重任和使命。因此,高校各类党政组织一定要提高警惕,时刻保持清醒的头脑,必须充分认识到当代大学生是我们中华民族的脊梁和国家兴旺发达的希望,在思想教育领域,高校思想教育工作者一定要准确把握大学生的思想脉搏,及时发现教育中存在的各种问题,有针对性地开展思想教育工作,引导当代大学生朝着正确的道路前进,使其提升政治敏锐度和成熟度,把大学生培养成为中华民族伟大复兴的建设者和社会主义事业的接班人。

(二)新媒体严重冲击了传统意识形态教育机制

意识形态教育要素众多,主要由基本要素、制度规范、内在关系和机理运用组成。这里说的基本要素主要包括意识形态教育的具体内容、具体方法、实施手段,意识形态教育工作者和受教者等;制度规范主要是指有关意识形态教育的各种制度、法规和政策;内在关系主要是指教育的具体内容、具体方法、实施手段、意识形态教育工作者和受教者相互之间的各种关系;机理运用主要是指高校意识形态教育的正常运行和相互协调。意识形态教育机制是以上这些要素之间作用方式、构成方式、运行方式和调节方式等的总称。

我国现行的意识形态教育机制,形成于传统的教育环境之下,非常适应传统的教育模式。如果从以上意识形态教育的构成来看,教育工作者占据着意识形态教育的主体地位。而到了新媒体环境下,教育工作者的话语权和权威性双双受到挑战,在无形中被严重削弱,以致意识形态教育的内在关系,也就是教育工作者、受教者和方法、内容、手段之间原有的平衡关系被打破。

另外,传统模式下的意识形态教育通常是一种纵向关系,也就是自上而下、规定和被规定、约束和被约束的关系。政府对高校意识形态教育的指导就是一种宏观的制约和调控。在我国，意识形态教育必须落实国家的政策和法规，培养出的人才会为国家所用，才能成为国家和社会最需要的人才。结合新媒体时代特征，意识形态教育更需要一种平行关系，原有的垂直关系受到了严峻的挑战。而这种平行关系是由"每个人都是自媒体"的属性决定的，它指的是受众个体在使用新媒体时相互之间的影响。各类社会组织、团体和个人在新媒体平台上发布各种信息，而这些发布者、受众之间没有任何从属关系，是一种没有交叉、没有隶属、相互平行的关系。为此，新媒体环境在一定程度上冲击了传统的思想教育机制。

（三）新媒体对大学生意识形态教育整体效果的影响

在新媒体环境下，高校意识形态教育受到某些冲击，在一定程度上阻碍了意识形态教育的整体效果。

1. 新媒体对传统意识形态教育产生了冲击

在传统的意识形态教育环境下，高校大学生积极主动参加课外活动和社会公益活动。而进入新媒体时代，新媒体平台发布的各类信息具有很大的诱惑性，从而导致高校出现"低头族"的现象十分普遍。特别是，在课余时间，大学生毫无约束、自由自在地使用新媒体。上网、刷抖音、刷朋友圈等行为已经成为大学生课外娱乐的主要方式，这些娱乐方式在很大程度上成为他们生活中不可或缺的部分。因此，有一部分大学生整天沉迷网络世界，不愿意参加户外活动也就不足为奇了。因为他们即使不参加任何社会公益活动，也不会感到孤独或无聊。而对于意识形态教育来讲，组织社会实践和社会公益等活动是实施意识形态教育的一条重要途径，它的缺失会导致意识形态教育的不完整，从而阻碍大学生思想教育整体效应的实现与发挥。

2. 新媒体对传统意识形态教育内容产生了冲击

传统的意识形态教育，传播的主要内容是国家统编的各类教材和规定的读物，这些内容属于主流意识形态，完全符合国家意识形态和社会发展需要。新媒体环境下，信息传播的主要特征是信息的"多元化"和"碎片化"。首先，新媒体具有多元性的特征。这样的特征使得新媒体不仅吸收大量的正面信息，也会传递大量的负面信息。大学生的信息辨识能力还比较欠缺，因此，他们抵抗负面信息的防御力还比较弱。其次，新媒体具有碎片化的特征。这样的特征使人们通过新媒体掌握海量的信息，但人们对这些信息的了解只停留在表面和肤浅的基础上，并不会形成多深刻的印象。最后，目前国家对新媒体传播的审查机制需要进一步健全和完善，其政治导向性的门槛还不够高。这些因素的叠加势必会对大学生的传统思想政治教育内容产生严重的冲击。

3. 新媒体在一定程度上冲击了传统的大学生思想教育手段和方法

新媒体时代，新媒体平台各种西化思想的侵蚀，西方霸权主义、价值观对我国意识形态领域带来的各种挑战，必然会严重冲击我国传统意识形态教育的手段和方法。为此，我们必须充分利用新媒体平台的方便快捷性、时空上的突破性、教育的灵活性等特点进行意识形态教育。事实上，充分利用新媒体平台是适应这个新时代的要求，运用新媒体工具组织实施意识形态教育是大势所趋。

4. 大学生全员参与意识形态教育的理念受到新媒体的冲击

在传统教育环境下，思想教育课教师及其辅导员均有较大的发言权和较高的权威性，这对广泛传播主流意识形态以及高校意识形态教育起着关键和决定性作用。而到了新媒体时代，这样的发言权、权威性和主导地位被严重削弱。当今，在新媒体上分享观点和思想已经成为一种新时尚，大学生对"说教"式传统灌输教育的抵触情绪越来越深。新媒体的到来，使人们更喜欢自由表达和自我学习，越来越讨厌传统的教育方法。新媒体呈现"人人都是媒体人"的特点，这里的"人人"指的是每个网民、受众，也包括运用新媒体工具进行意识形态教育的教育工作者，但不一定包含意识形态的全体工作人员。为此，这类教师和辅导员等级有可能被逐渐"边缘化"，其教育的主导地位被弱化，甚至有可能变成非主导地位。高校意识形态教育原本已经形成的教育工作者链条，在新媒体环境下出现了断裂，严重冲击了全面教育理念，可以说，新媒体在一定程度上影响了高校意识形态教育的整体效果。

四、大学生受到新媒体的影响

大学生"作为有思想、有情感、有意志的人，他们在接受教育时并不是完全被动的，而是具有主动性"[①]。大学生既是接受思想教育的对象，又是思想教育实际效果的直接体现者。因此，大学生的身心状况将直接反映他们的思想健康状况。

（一）新媒体环境下大学生的心理发展特点

在我国，高校大学生年龄处在18~26岁，属于成年的早期阶段，他们完全能够充分地运用辩证思维，并站在不同的角度来分析社会，处理每一个事件。"充满激情也伴有彷徨，感性与理性同在"[②]是对大学生心理特点最好的诠释。

当今在校大学生，其主力军俗称"00后"，也还有少部分"95后"在学校，不论是在人格方面，还是在思维方面，甚至是在情感等方面，

[①] 刘新跃.论思想政治教育客体的主体性［J］.北京：思想理论教育导刊，2009（8）：92-95.

[②] CMI校园营销研究院.90后的数字生活［M］.北京：机械工业出版社，2012：18.

他们都具有以上所述特征。除此之外，他们还拥有自身的特殊性。追根溯源，这完全是由中国深刻的社会变革和改革开放等历史性原因决定的。如果从整个社会发展背景来看，这批在校大学生出生在新时代，生活在新媒体的高速发展环境里，成长在改革开放进一步深化发展的阶段。一是国家在经济上改革开放的成果丰硕，各种物质资源越来越富裕。二是这些在校大学生享受到了丰富的物质生活，体验到了新媒体带来的欢愉，同时还感受到了深化改革、社会转型带给他们的阵痛。这些在校大学生同时也是随着互联网的腾飞而成长起来的一代人，他们的生活已经离不开互联网，移动终端智能产品、互联网和社交媒体已经成为他们生活的标配。而且，这些在校大学生基本上都带有时代烙印，是被称为"独生子女"的一代，他们在生活中享受几代人的照顾，有较长的教育经历，自我期望值较高。

2011年，CMI校园营销研究院对北京、武汉、成都等8个城市33所高校1600名"90后"大学生进行了深入访问和研究，形成了《互联网下的90后——90后大学生数字化生活研究报告》。通过调研，他们发现"90后""00后"大学生具有五大特点。一是生活态度相对积极。从整体的世界观和价值观来看，他们大多具有积极向上的生活态度，也具备主流的思想。二是这个时期他们政治的信仰还不坚定，意识形态还很薄弱，他们非常现实，是名副其实的现实主义者、理想主义者，但他们并不是虚幻的理想主义者，也不是无所追求的现实主义者。由于受到社会大环境和家庭上代人根深蒂固的观念影响，他们大多拥有强烈的"房车梦"，追求一种务实的生活态度。三是在性格方面更加宽容，他们更注重追求个人享受。大部分人自我觉醒意识还是有的，他们喜欢从自我意识出发，衡量事物以个人价值为标准，不愿受到来自传统责任感的束缚。他们更多的是崇尚自由和个性，但他们的宽容度较高，经常包容不同的观念和行为。四是对大学生来说，学习居于中心地位，但这种中心地位在不经意间被弱化了，功利性反而得到了增强。他们参加学习的时间不断被压缩，对待学习的态度和观念也有所转变。在他们心中，学习是为了深造、考研，抑或是找到一份更好的工作，而学习的目的并不是提升学术水平。功利性也体现在参加社团活动的动机上。五是理性消费、追求体验式的个性化消费。他们的消费意识比较强烈，只要是自己喜欢的，就会"买买买"；他们更喜欢新潮的事物，喜欢尝鲜体验。但总体上来讲，大多数学生是适度消费的，懂得节制、量力而行，还注重培养理财观念。这些都反映出他们自我意识的觉醒，个人主义、自主意志、平等精神深深植根于他们的思想和行为之中。

（二）在新媒体环境下，大学生个体差异越来越明显

一个人的成才与否，很大程度上跟遗传基因和后天的教育有关，但后天的生活环境、成长环境和学习环境会导致或加大个体素质上的差异。俗话说，世界上没有两片完全相同的树叶。我们知道，大学生的个体素质是参差不齐的，正是这种个体素质上的差异，加大了意识形态教育工作的难度，这就要求我们根据差异进一步了解大学生的差异化特点，并采用针对性的方法来保障大学生的健康成长。

一是在认知方面存在一定的差异。高校大学生智力方面的差异并不十分明显，认知方面的差异比较明显。归纳起来讲，认知差异主要呈现出沉稳型与冲动型、场依存型与场独立型、发散型与聚合型。认知上的差异源于风格的不同，其本身并不存在问题，也没有什么好坏之分，但在特定的环境，比如在讨论和思想交流等具体环境中，可能会因为认知的差异、风格上的不同等差异化，产生争吵甚至是行为摩擦。在这个时候，需要思想教育工作者出面沟通协调，缓解局面并把双方认知提升到同一高度。这在一定程度上增加了意识形态教育工作的难度。

二是在情感方面存在一定的差异。这主要指在情感倾向性方面存在的差异，也有情感稳定性方面的差异和情感深度与广度方面的差异。有些大学生的情感非常细腻，兴趣十分广泛且目标明确，并刻苦努力以期

实现自己的目标。还有一些大学生整天无所事事，他们的情感淡漠，对周围的事物漠不关心，常会感到无聊、空虚。我们应该给予后者多些关心，不断地给予他们鼓励，帮助他们修正目标并加以引导，最终通过实现目标树立正确的人生观。

三是在意志方面存在一定的差异。这里的意志，主要指一个人自我唤起意识，主动积极地设定自己的目标，并结合自然环境的变化、时间的变化和目标的实现进度等情况，及时地调整自身的行为，并付诸实际行动，努力实现目标的心理过程。实践证明，意志坚强的人能够进行缜密的思维活动，及时地调整行为或是修正目标，以制定出更加符合实情的目标。而意志力较弱的人则会长期处于冲突中，即使设定了目标，也很难坚持下去，并且容易受到其他动机的影响从而改变自己的行为。这就需要高校思想教育工作者下大力气帮助这些意志力薄弱的大学生培养坚强的意志力，找到确定适合他们的目标，从而帮助他们实现人生理想。

（三）新媒体时代大学生受到的各种影响

1. 在新媒体环境下大学生行为习惯的变化

第一，新媒体是全开放的，其信息量可以说是海量的，用户之间可以随时随地交流。这些交流可以是文字的，也可以是语音的，还可以是实时视频的，在其中身份可以是真实的也可以是虚拟的，大学生特别喜欢在新媒体上交流互动，新媒体已经成为大学生生活中不可缺失的重要平台。大学生可以在互联网上轻松方便地获取需要的信息，更重要的是能够及时传播自己的信息。

第二，在新媒体平台上，大学生可以更快地获取各种知识，并分享和交流。例如，大学生可以在新媒体平台上提问、在网上下载他们需要的材料等。

第三，大学生的学习、交友、获取信息等的形式因新媒体发生了改变。①例如，高校的教室会变得更加热闹，大学生与其他受众一样，可以即时获取全球各类新闻，还可以在网络平台上交流信息、发表言论，也可以网购商品等。

2. 新媒体环境对大学生思想教育的正面影响

新媒体的普及对大学生思想的形成有着积极的作用。大学生在互联网浏览时事新闻、热点信息，绝大部分大学生能够理性看待、辩证地分析问题。他们还会参与到社会网络新闻的讨论中，关注国家大事，就社会问题发表自己的观点和看法。在新媒体时代，一些大学生变得更积极主动，思想更加活跃，从中学习到更广博的知识。总的来说，新媒体为年轻人提供了平等、开放、多元化的信息传递及交流环境，使学生的自学能力、合作精神等都得到了锻炼。②

3. 新媒体环境对大学生思想教育的负面影响

第一，少数大学生缺失理想信念。高校是一个特殊的社会群体，而大学生则游离在社会和校园之间，他们大多从小就娇生惯养，在家有父母的督促，自我约束能力差，加之他们远离亲人，到大学后难免会精神空虚，整天沉迷于网络及网络游戏而无法自拔，进而丧失理想信念。马瑞平在《新兴媒体对大学生思想研究的影响》中提到："大学生普遍运用手机、电脑、微博、各种网站等新兴媒体丰富课余生活，甚至丰富课堂生活。手机、QQ和微信的有趣性和网络社交性让90%的大学生自觉地成了'手机党'。"新媒体的发展在一定程度上影响了部分大学生的理想信念。

---

① 陈君.新媒体时代高校思想政治教育创新研究[D].太原：太原科技大学，2014：22.
② 张璇.新媒体对高校思想政治教育产生的影响及对策研究[D].南京：南京林业大学，2014：15.

第二，少数大学生的思想太偏激，容易走极端。高校大学生的年龄在 18~25 岁，因为他们没有真正步入社会，思想不是很成熟，他们只是接受了学校的书本教育。大学生的不成熟主要体现在两个方面：一是思想上比较单纯，想问题不够全面；二是在性格方面，有的学生容易冲动、性格刚烈，也有的学生过于胆怯懦弱。一直以来，网游、手游受到全世界的网民青睐，被各个年龄段的学生谈论。如《魔域》《反恐精英》等属于暴力枪战游戏，这些游戏中被植入暴力、枪杀、血腥等信息，无形中侵入学生的心灵，在思想上埋下了隐患。

第三，一些大学生懒得动脑，不愿思考。我们每个人都有懒惰心理，可以说这是一个共性问题。21 世纪的高校大学生，出生在计划生育基本国策下，是名副其实的"独一代"，称为"独生子女"。不论他们从小生活在农村还是城市，都是家里的"小皇帝""小公主"。有些大学生在祖辈、父辈的溺爱下，已经养成了饭来张口、衣来伸手的惰习，以及不思进取、不劳而获的思想。特别是，随着移动智能终端的不断升级，虚拟技术、智能手机等的进一步普及，移动网络信号的覆盖面扩大，获取知识变得更加容易，让这些大学生变得懒得思考。事实证明，勤思善学，砺能笃行，才能促进我们不断进步。

第四，现在有些大学生出现了人际交往障碍。新媒体有了新的社交平台，从某种角度来讲，新媒体逐渐"绑架"了大学生的日常。主要体现在学习和日常生活中的交往方面，效果上和形式上的变化十分明显。过去，日常交往主要通过面对面的交流方式，而到了新媒体时代，面对面近距离的交流机会已经大幅减少，更多的是冷冰冰的"人机""指尖"超越距离的交流沟通。这种超时空交流方式，导致原本具有温度的社会个体交流，演变成与冷冰冰的、没有生命体征的移动智能终端间的交流。新媒体基本上剥夺了人们的社会交际体验，在很大程度上削弱了人们的社会交际能力，进一步阻碍了大学生的社会化进程。与此同时，随着移动自媒体终端的快速发展，使用自媒体交流的大学生可以用虚拟身份信息来隐藏自身形象，易诱发大学生不良行为，促使其滋生不良人格，甚至呈现出多面人格。这样就导致现实与虚拟之间存在一定的矛盾，主要是认知上的差异化矛盾，从而引发危机。

在使用互联网的过程中，人们生活中的各种需求通过网络得以实现和满足，与人的交流和沟通也可通过即时通信工具得到实现。此外，互联网带来了一个全新的社交平台，这也使得人们的社交活动更加方便和快捷。但是，对互联网的过度依赖造就了一群"宅男宅女"，他们在网上实现所有事情。在现实生活中，由于生活压力较大，大多数人更加喜欢通过互联网进行相对放松的社交活动，于是一群新的社交网络达人出现了。时间长了，这群新的社交网络达人对现实生活中的社交活动失去了兴趣，对社会活动产生了恐惧心理，从而影响身心健康。

第五，大学生的道德责任感面临挑战。由于互联网公共平台生活资源丰富、活动渠道广泛，大学生普遍喜欢在课余时间上网、聊天、玩游戏，网络世界满足了这部分大学生的心理追求，从而减少了他们在现实生活中的活动，更有甚者，把网络生活当成现实生活，这将严重影响大学生的健康发展。

同时，互联网上存在不良或虚假信息。大学生对信息的辨别能力较弱，部分大学生尚未形成独立的判断能力。因此，那些恶劣的信息就会直接影响这些大学生的身心健康。[①] 更危险的是，一些大学生缺乏足够的法律意识，意志薄弱的他们在网络环境中很容易滋生犯罪心理，在网络上胡言乱语，对社会稳定、经济发展甚至国家安全构成相当大的威胁。

---

① 杨新勇.网络时代与高校思想政治工作[J].福建医科大学学报（社会科学版），2001（1）：20-23.

（四）网络信息的"去中心化"和碎片化特征，导致大学生选择价值困难

传统的信息传播模式通常是"你说我听"、自上而下、你传我看等比较单一的灌输方式，党和政府对这种传播方式起着关键的把关定向作用，具有强制性、单向性和权威性等特点；而互联网具有开放性、互动性和虚拟性等特点，便于公众浏览互联网信息、自由地选择阅读内容和亲自创作并发布信息。在现实生活中，人们通过微信、博客和各种论坛发泄自己的情绪、发布自创的信息、发表自己的见解，这些聊天工具已经成为自由交流思想、互通信息的"集散中心"，传播信息以"裂变"的方式迅速扩散。从某种意义上来讲，新媒体的出现，创建了信息民主化、分散化和扁平化的一种新的传播格局。通过对这些传播信息的综合分析，我们不难看出，新媒体传播的信息，虽然量大但缺乏权威性，尽管发布信息的渠道多样化但没有中心点，价值多元化但会从一定程度上削弱我国主流思想的地位。在新媒体传播过程中，不同的利益诉求和思想观念并存，国内与国外、传统与现代、正面与负面、主流与非主流、精英与"草根"等各种价值观交织在一起，为了吸引受众的注意力，他们制造了虚实交错、复杂的话语生态环境，导致各种低俗、媚俗与庸俗的信息在网上传播。而身在其中的一些受众喜欢"短而快""碎片化"的文化快餐，他们缺乏阅读有思想、有逻辑、有秩序的高质量作品的耐心。他们喜欢发表或看夸张的、令人震惊的和另类的观点，对那些规范且严谨的文章，以及那些客观真实的观点言论不感兴趣，甚至是排斥、拒绝。

大学生还没有真正步入社会，其社会实践经验缺乏，少数人更不具备批判性思维能力，禁不住网络不良信息和文化的侵蚀。特别是对琳琅满目的信息，难辨真假，很难挑选出真正有价值的信息，难免会对大学生的习惯和生活带来负面影响。特别是，在西方反华思想的进一步渗透下，历史虚无主义和新自由主义等通过新媒体广泛传播，最

大限度地挤占我国主流思想的传播空间，逐渐削弱主流思想的主导地位。如果大学生长期徘徊在这些多元化的思想中，那么他们的认知会越来越模糊，接触的思想会越来越琐碎，就会更难有辨别能力，更加缺乏价值判断标准，他们对事物的认同和对价值观的选择会变得更加困难。

（五）"指尖决策"的非理性，导致大学生盲目参与到网络社会

目前，大学生的日常生活基本依靠网络平台进行，其行为集中在手掌上，包括所有的信息获取、娱乐消费、交流、参与社会活动等，全都通过指尖在移动智能终端完成。"指尖决策"正逐渐成为大学生日常行为决策的常态。[1]这种方便快捷的决策行为随意性很大，甚至是无意识和不理性的。随着手指的敲击，任何人都可随意发表自己的意见，信息发布者往往未经过慎重思考，发出的信息难辨真伪、观点正确与否也有待考量。在这种互动传播分享中，大学生易受到来自热点新闻以及大众群体情绪的影响，他们对信息的转发、点赞和评论往往是未加甄别的，也不是发自内心的。

在新媒体时代，人们习惯于创圈建群，因此圈群的交叉重叠就不足为奇了。大学生也不例外，他们处于"多圈多群"的舆论场，圈群成灾是当下真实的写照，从而导致网络舆论出现传媒学者詹姆斯·斯托纳所说的"群体极化"现象，也出现了如瑞士心理学家、分析心理学创始人荣格总结的"集体无意识"行为。他们对事件、对信息的真假越来越难辨别，更多的时候是情绪化的，发布信息、评论时难免带有宣泄的念头，更喜欢情绪化地表达需求，从而掀起了更大、更激烈的极端言论，在一定程度上淹没了事件的真实发声。这种即时网络信息传播和信息碎片化

---

[1] 罗迪.微时代大学生思想行为新样态透析［J］.中国青年研究，2015（4）：83-84.

语境，逐渐消解了大学生的逻辑思维能力，使其变得更加任性和自私，而对那些不同的观点和主张采取否定甚至是谴责的态度。因此，在现代网络化社会生活中，大学生经常出现跟风现象、盲目从众心理和非理性的异常行为。

（六）"把关人"角色的弱化，增加了大学生网络信息识别的难度

"把关人"（Gatekeeper）一词是传播学领域的重要概念，最早由美国社会心理学家库尔特·卢因于1947年在《群体生活的渠道》中提出。在传统的信息传播中，"把关人"角色具有重要的作用，他严格控制信息流通的所有关口，负责过滤和筛选需要传播的信息，从而引导大众舆论。[①]

在这个新媒体时代，受众一般兼具多种身份，他们既可能是接收者，也可能是传播者和发布者。信息渠道的多元化、信息传播的裂变，在很大程度上削弱了传统媒体"把关人"的地位。其中，有些人为了"圈粉"以期实现某种目的，编造虚假信息、制造一些吸人眼球的事端，使其在网络上快速地传播，混淆视听，从而导致大量的"黑幕论"或"阴谋论"。同时，这些虚假信息往往以匿名的方式发送，追踪造谣者的难度大，成本也非常高。当代大学生由于自律意识和媒介素养相对较弱，对自己的言论缺乏责任感，对信息真假也缺乏判断能力。在现实生活中，技术总是先于制度。在网络世界中难免会缺失规则和监管，为了收获更多"赞"和引起更多关注，有的大学生转发未经甄别和证实的传闻；还有的大学生仅凭喜好和感受，就对一些社会事件随意评价或对某些话语发表极端观点。大学生面临的主要问题不再是获取信息的渠道少，也不是信息获取量少，而是如何把握认知和选择信息，"把关人"的作用和功能正日益受到严重的挑战。

---

① 高欢欢，吕燕茹，谢誉元.浅析网络传播中的"把关人"[J].前沿，2013（11）：113.

五、新媒体的发展对教育工作者队伍的综合素质提出了新的要求

（一）新媒体对教育工作者的知识素养提出了更高的要求

1. 传统教育环境下教育工作者的知识素养

在传统的教育环境里，教育工作者的知识素养通常包括以下几个方面：教育理论基础知识、法律素养、职业道德、专业理论和技能等。教育理论基础知识是指教育工作者必须掌握心理学和教育学等。法律素养和职业道德是指教育工作者必须具备职业道德、法律和党的方针、政策等知识。专业理论和技能是指教育工作者必须精通相应专业知识及技能。在其他方面，教育工作者还必须掌握文学、管理学、人文等知识。

高校教育工作者大致可以分为三类：专业课程教师、思想政治教育教师和辅导员（含一般工作人员）。专业课程教师的知识素养偏重教授理论基础知识和专业理论知识及技能。思想政治教育和辅导员的知识素养主要为注重党的方针政策、法律、职业道德、马克思主义基础理论等。其主要职责是教育管理大学生，其知识素养应该以职业道德、马克思主义基本理论、法律、教育基本理论、党的方针政策为重点。

2. 新媒体环境下教育工作者的知识素养

随着高校外部环境不断发生变化，思想教育工作者的知识结构也发生了翻天覆地的变化。在新媒体环境下，能够适应新媒体技术的发展，具有现代意义的知识素养完全取代了传统意义的知识素养，它的主要变化重点体现在知识面上。如果从学科知识的角度来研究，教育工作者必须拓展学科知识，熟练掌握互联网的知识，具备相应的技能。网络语言能够快速拉近受教双方之间的距离，为此教育工作者一定要掌握常用的网络语言。现在的大学生知识面非常广泛，知识更新速度快，学习理解

的路径多。这要求我们的教育工作者必须拥有广博的知识，具备全面的知识素养，从而避免因自身的知识储备太少，无法与学生顺畅交流的情况。

除此之外，在新媒体环境下，对教育工作者必须具备的教育学、心理学和技能的要求提升到一个新的高度。教育工作者通过学生传递的信息判断其心理上的变化，这是心理学的范畴，这对教育工作者的知识宽度和广度提出了更高的要求。总之，新媒体对教育工作者的知识素养提出了更高的要求。

（二）新媒体对教育工作者提出了更高的思想道德素养要求

1. 教育工作者必须具备的思想道德素养

教育工作者的思想道德修养主要包括思想修养和道德修养两层含义。在思想修养方面，必须坚决拥护中国共产党的领导，热爱社会主义，坚定理想信念，全面落实党和国家的教育政策、方针；必须牢固树立正确的世界观、人生观和价值观，在教育工作中一定要以身作则，为人师表，秉承"蜡烛"精神，全心全意做好教育服务工作；必须增强法纪意识，敬畏法律，遵守社会公德。在道德修养方面，首先要尊重学生，关心他们的学习和生活，争做学生的好老师和好朋友，成为学生成长成才路上的指路明灯和灵魂工程师。从某种意义上来讲，这些思想道德修养基本要求，完全符合当下社会发展的要求。

2. 新媒体环境下教育工作者的思想道德素养

新媒体环境对教育工作者提出了更严、更高的思想道德修养要求。随着教育外部环境的日益变化和社会的不断进步，教育工作者的思想道德修养必须要有较大的提高。

第一，进入新媒体时代，对当今的高校教育提出了更严的要求，也对高校教育工作者的思想道德素养提出了更具体、更严格的要求。从客观上来讲，这就要求教育工作者必须自觉地提高防范意识，不断提升抵御能力、抗干扰能力和辨识能力，自觉地增强党性，更加坚定共产主义信念。

第二，进入新媒体时代，大学生有更多机会接收到自由和开放的各类信息，而教育工作者往往无法对这些信息进行有力的管控、识别和筛选。教育工作者只能进一步加强与大学生之间的沟通和交流，加大思想的引导力度，以此来进一步影响和培养大学生。教育工作者一定要做到克己奉公和以身作则，在群众中自觉地维护中国共产党人的形象。

第三，进入新媒体时代，高校大学生被尊重、渴求平等的需求更加凸显。在新媒体环境下，师生之间的交流并不一定面对面，更多的时候是通过新媒体平台进行交流。这就要求教师平等地对待大学生并尊重大学生，且从内心深处愿意帮助他们。唯有如此，教师才能与大学生真正地交心，大学生才能自觉接受思想教育。由此可见，新媒体环境对教育工作者的思想道德素质提出了更高的要求。

（三）新媒体对教育工作者的工作能力提出了更高的要求

1. 传统教育环境下教育工作者的工作能力

教育工作者的工作能力，主要指在教育过程中教育工作者应该具有的各种能力，它既包括语言表达能力和组织领导能力，还包括沟通协调能力、教育治理能力和管理能力等。这是传统教育环境中教育工作者必须具备的各种能力。在实际的教学应用中，某方面的能力弱，对整个思想教育的效果并不能起到决定性作用。例如，在处理突发应急事件方面，有"热处理和冷处理"两种处理方式，一般大家都喜欢采取"冷处理"方式，而不采取"热处理"方式。若教育工作者处理紧急情况不及时，措施不得当，则可能酿成不良后果。但是，对突发事件的处理并不只是某位教育工作者的工作，需要教育团队其他成员的相互配合，使突发事件得到妥善的处理。

2. 新媒体环境下教育工作者的工作能力

新媒体的发展，对教育工作者的工作能力提出了新要求，发生了新变化，出现了新特点。一是教育场景进一步拓展。现在的教育场景不再只有传统的课堂，还有更加宽广的网络场景，师生之间的交流更多的是情感与心灵的交流，这就要求师生提升沟通能力。二是随机应变的能力得到大幅提升。在新媒体的教育环境下，尽管教育团队的整体实力十分重要，但更重要的是个人的教育智慧和随机应变的处置能力。在新媒体平台，当教育工作者与大学生在交流过程中遇到棘手又必须解决的问题，并难以及时得到其他同事的帮助时，就非常考验教育工作者的随机应变能力。如果沟通不畅，会给教育工作者的形象和声望带来影响，容易失去受教育者的信任从而失去沟通的机会。三是教育工作者抵御外界腐蚀、辨别是非和抗干扰的能力得到提升。在传统的教育环境中，教育工作者一般采取观察的方式来了解和掌握大学生的心理状况。但在新媒体环境中，不能单纯靠观察，要根据大学生的网络语言来判断，这就需要教育工作者有意识地提高自己辨别是非、抗腐蚀、抗干扰的能力。同时，教育工作者也可能受到来自网络的各种诱惑，他们的心理也会受到影响。为此，在新媒体环境下，需要高校思想教育工作者培养自己更加强大的思想抵御能力、明辨是非的能力和抗干扰的能力，这给教育工作者提出了更严和更高的要求。

第四章

新媒体时代加强大学生思想教育工作的措施

第一节　加强大学生的理想信念教育

一、以习近平新时代中国特色社会主义思想为指导

网络已经深刻改变了这个世界，它无时无刻不在影响着人类，更有人认为谁掌握了互联网，谁就掌握了这个时代。确实，网络可以打破信息壁垒，比以往更加方便快捷，传播成本也更低。正因如此，各种势力借用互联网这个平台竞相发声。与此同时，新媒体也带来了话语权的变化，通过新媒体广泛传播的语言具有去权威化、去严肃化的特点。而这恰巧与以往思想教育工作使用的规范化语言是不同的。简言之，话语权就是人们有说话的权利，在当代社会潮流中，话语权指影响社会发展方向的能力。如今，意识形态话语权在决定社会舆论发展和引导民心等方面有着非常重要的作用。任何意识形态的争夺，其实都是一种话语权的争夺，网络新媒体让本来话语权渺小的民众有了被聆听的权利和机会。在以往的思想教育工作当中，教育工作者大多先于受教育者获得信息，而随着新媒体时代信息发布方式的改变，受教育者凭借各种各样的电子设备以及载体获取到最新的社会信息，甚至在教育工作者之前就对该信息了如指掌，导致教育工作者的权威慢慢变弱，双方实现"话语平权"从不可能变为了可能。在新媒体时代，思想领域的情况复杂多变。如何在多元文化思想碰撞的过程中凝聚人心，达成共识，是高校思想教育工

作面临的一项长期而又艰巨的任务。在这种情况下，要加强高校思想教育工作的话语体系建设，必须及时普及新媒体时代马克思主义思想的当代价值。马克思主义经久不衰且有着旺盛的生命力，首先，应将马克思主义理论与中华优秀传统文化相结合，从而形成具有中国特色的社会主义理论；其次，应把马克思主义思想与我国具体实际相结合并指导当今社会的发展；最后，面对诸多西方意识形态的干扰，如何让马克思主义思想理论之树常青，是我们需要继续探讨和深入研究的课题。

马克思主义思想是科学的理论，但它需要不断地创新和发展。恩格斯曾说："我们的理论是发展着的理论，而不是必须背得烂熟并机械地加以重复的教条。"[1]列宁说过："从来没有一个马克思主义者认为马克思的理论是一种必须普遍遵守的历史哲学公式，是一种超出了对某种社会经济形态的说明的东西。"[2]针对理论创新，列宁还明确指出："我们决不能把马克思的理论看作某种一成不变的和神圣不可侵犯的东西；恰恰相反，我们深信：它只是给一种科学奠定了基础，社会党人如果不愿意落后于实际生活，就应该在各个方面把这门科学推向前进。"[3]毛泽东也指出："任何国家的共产党，任何国家的思想界，都要创造新的理论，写出新的著作，产生自己的理论家，来为当前的政治服务，单靠老祖宗是不行的。"[4]习近平新时代中国特色社会主义思想是中国共产党的行动指南，高举习近平新时代中国特色社会主义思想伟大旗帜，是坚持以马克思主义思想为领导核心的需要，也是在学校开展思想教育工作活动的内在要求。中国特色社会主义进入新时代，新媒体时代中国的挑战与机遇并存，在社会意识形态领域充满了危机。高校不仅要牢牢抓住思想教育工作的

---

[1] 恩格斯.致弗洛伦斯·凯利-威士涅威茨基夫人[M]//马克思，恩格斯.马克思恩格斯选集：第4卷.北京：人民出版社，1995：681.
[2] 列宁.什么是"人民之友"以及他们如何攻击社会民主党人？[M]//列宁.列宁选集：第1卷.北京：人民出版社，1995：58.
[3] 列宁.我们的纲领[M]//列宁.列宁选集：第1卷.北京：人民出版社，1995：274.
[4] 毛泽东.毛泽东文集：第8卷[M].北京：人民出版社，1999：109.

话语权,还要学习习近平新时代中国特色社会主义思想,充分发挥好新思想对高校思想教育工作的指导作用。

首先是在理论层面,要深入学习贯彻习近平新时代中国特色社会主义思想。习近平总书记高度重视加强社会主义思想话语权建设,在加强话语权表达方面,要求要把握好"时、度、效",增强吸引力和感染力,坚持以马克思主义为主导在哲学社会科学领域的话语权建设。"让群众爱听爱看,产生共鸣"的中国特色社会主义体系,用中国理论阐释中国实践,不断增强社会主义话语权的吸引力和感染力;在话语传播方面,加大新闻媒体舆论的掌控力,积极构建对外话语体系,提高国家文化软实力,要讲好中国故事,传播好中国声音,提高国际话语权。[①]习近平总书记在党的十九大报告中指出,新时代中国特色社会主义思想是马克思主义中国化最新成果;发展中国特色社会主义文化,就是以马克思主义为指导,牢牢掌握意识形态工作领导权。新思想是时代精神的精练,是为实现中华民族伟大复兴而奋斗的行动指南,同时也为高校思想教育工作提供了全新的理论支撑。

其次是在实践层面,新思想的发展离不开对中化民族优秀传统的弘扬。追溯历史,我们不难看出,中国的今天是党和人民历尽千辛万苦,在不断摸索中艰难前进,以及无数爱国将士用鲜血和生命争取来的。新思想具有鲜明的时代性和科学的实践观,不是凭空捏造的。它源于实践,从实践到认识,再从认识到实践,如此实践、认识、再实践、再认识循环反复,实践决定认识,认识又反作用于实践。新时期思想领域斗争复杂,高校可以通过与新媒体先进技术结合,通过网络虚拟的特点创新交流模式,增强学生对主流思想的认同,使他们能够耳濡目染,并积极发挥主观能动性,拥护马克思主义思想的核心领导地位。

最后是在精神层面,要有"防患未然"的思想意识和"敢于斗争"

---

① 习近平.习近平谈治国理政[M].北京:外文出版社,2014:155-156.

的精神。高校师生要"增强忧患意识、防范风险挑战",更要坚定信心,善于危中寻机,准确识变、科学应变、主动求变;要拥有增强忧患意识、进行伟大斗争的责任担当。习近平总书记指出:"共产党人的忧患意识,就是忧党、忧国、忧民意识,这是一种责任,更是一种担当。"①

"思所以危则安矣,思所以乱则治矣",因此,应以新思想的精神力量增强大学生忧患意识,培育大学生的斗争精神,促进青年学生自觉在思想上、政治上、行动上同党中央保持高度一致。"青年兴则国兴,青年强则国强。"青年一代应是有理想、有担当、有本领的时代栋梁。

二、加强社会主义理想信念教育

人类社会正经历百年未有之大变局,中国特色社会主义也已经进入新时代,在"大变局"与"新时代"叠加、经济全球化与网络信息化加速发展的特殊环境下,形形色色的思想、文化交织融合在一起,对我国主流思想的地位产生了威胁。习近平总书记指出:"新时代中国青年要树立远大理想,青年的理想信念关乎国家未来。"②国家的发展与建设离不开青年的理想信念。历史经验告诉我们,理想信念不是自然而然就可以产生的,因此高校需要通过润物细无声的方式在潜移默化中把主流意识思想"灌输"给学生。

(一)深化马克思主义理论教育

习近平总书记指出:"理论上清醒,政治上才能坚定。坚定的理想信念,必须建立在对马克思主义的深刻理解之上。"③在新时代,在部分高校中,不关心不重视马克思主义发展的学生仍然存在,这就要求教育工

---

① 习近平. 习近平谈担当精神[N]. 人民日报(海外版),2017-06-14.
② 习近平. 在纪念五四运动100周年大会上的讲话[M]. 北京:人民出版社,2019:6.
③ 习近平. 习近平谈治国理政:第2卷[M]. 北京:外文出版社,2017:35.

作者必须加强学生的马克思主义理论认知。一是马克思主义具有科学性。马克思主义从实际情况出发，运用科学的态度和手段，解决了许多社会历史领域最基本的问题和矛盾，并总结出社会发展的客观规律。二是马克思主义具有阶级性。马克思主义的根本目的是全世界人类的幸福，每个人的存在和发展是其他一切人存在和发展的前提，每个人都应得到最充分的自由而全面的发展。三是马克思主义具有实践性。强调理论依附并服务实践，哲学不只是解释这个世界，更重要的是如何去改造世界并以造福人类为目的。马克思主义不是教条而是实实在在指导人们如何从实践中来，到实践中去，在实践中接受检验，并随实践不断发展。四是马克思主义理论具有开放性。马克思主义始终是站在时代前沿的，是不断发展的、前进的、与时俱进的，而不是停滞不前的。

（二）加强中国共产党党史学习教育

加强党史学习教育，提升党性修养。采取党课教育、举办红色文化专题报告会等形式，运用现场交流、课题调研等载体，强化高校学生对马克思主义理论的学习，在一定程度上纠正部分学生错误的政治信仰认识，极力维护高校学生政治信仰安全。一是围绕"中国共产党为什么能"的主题，充分了解中国共产党的光辉历史。我党带领中国人民砥砺奋进，从胜利走向胜利。百年征程波澜壮阔，百年大党风华正茂。二是带着"中国共产党为了什么"的问题，从我党坚持不懈的发展史中去寻找答案。中国共产党的百年发展史，是为中华民族谋复兴的奋斗史。在这100年中，中国共产党带领中国人民，战胜无数艰难险阻，让中华民族真正扬眉吐气。回望过去，我们无比自豪；展望未来，我们肩负重任。教育工作者有必要加强对党的了解和研究，引导学生深刻理解党的不忘初心、牢记使命，百年初心历久弥坚，让我们凝心聚力，坚决维护党中央权威和集中统一领导，为早日实现社会主义现代化继续努力。

（三）大力开展中国特色社会主义国情教育

新媒体时代要立足我国基本国情，加强对新时代高校学生对中国特色社会主义各方面的深入了解。第一，加强对国家发展的教育。回顾新中国成立70多年来的伟大发展成就，从中充分体悟马克思主义在中国的成功实践、运用和发展。从我国社会民主化、法治化、经济的市场化、生态绿色发展以及党的建设等方面深入开展国情教育，在学习的过程中提升高校学生的"四个自信"。第二，开展国家现实问题教育。以一定成绩为目标，但不为最终目的，我们最终的目的要高于目标。我国在各个领域面临着许多挑战和必须尽快解决的问题，如：经济发展和制度不平衡不充分的矛盾依旧突出；中西部地区经济发展尚不平衡；城乡发展不太协调；教育结构合理性有待完善，如基础教育尚有极大发展空间等。在教育新时代，我们应认清当前国家发展中面临的难题，激发学生"革命精神不可灭，志士头颅为党落"的爱国热情和高度的责任感。作为新时代的有为新青年，要把握时代机遇，坚定理想信念，提高党性修养，为尽快实现中华民族伟大复兴继续奋斗。

三、正确对待各种非马克思主义社会思潮

新媒体时代各种思想的交流和碰撞，形成了形形色色的社会思潮。意识形态工作要重视网络社会思潮，要在合理合法的范围内"将堵与疏、引导与控制有机结合，通过对网络信息、网络舆论采取正确措施达到对网络社会思潮的科学调控。"[1]互联网上每天都有海量的信息在传播，每个信息网站的信息都会随时随地发生变化，许多网友采取发帖、讨论等方式对热点事件进行跟踪关注，每一起热点事件都会聚集不同的讨论群体，网友们对自己感兴趣的事件进行讨论并关注着事件的发展态势。通

---

[1] 钟志凌.网络思潮的传播规律与合理性调控研究［J］.学术论坛，2010（4）：126.

信软件和工具的不断发展令网友们关注事件的及时性大大增强，热点事件掀起的讨论热潮在一定程度上也会影响事件的走向。网友已经不像以前那样只会一味地站在自己的角度去看问题、发表看法，尤其是大学生群体对社会事件的看法也不再单一。大学生面对热点事件不是只在第一时间发表看法之后就不再关注，而是在关注问题的同时也会思考问题发生的来龙去脉，在问题解决之后还会进行反思。对问题进行反思并作出正确判断，是改变"愤青"想法的关键。大学生的想法是经过思考得出的结论，但不排除其他同学不认同这样的看法，大学生内心想法极具多元化色彩。将大学生的想法引向主流价值观方向，不仅要依靠学校处理社会热点问题的态度与措施，而且要依靠校园思想教育工作者及时的关注，对学生的思想进行有效的引导。提高鉴别和批判非主流意识形态的能力是高校确保思想教育工作正确方向的关键。人类社会正经历百年未有之大变局，中国特色社会主义已经进入新时代，但也遭遇了很多意识形态风险升级的考验，大学生价值观念呈现多元、多样、多变态势，极端个人主义、享乐主义等错误思想蔓延。要坚持让马克思主义主流思想的旗帜飘扬在我国的每一寸土地上，让马克思主义的花香充满中华大地。

首先，高校要提高在校师生正确认识和鉴别非主流意识形态的能力。新媒体网络技术时代，互联网作为意识形态交锋的前沿阵地，是意识形态斗争的重要战场，高校学生作为新时代青年极容易受到多元社会思潮的干扰和封建迷信思想的蛊惑，动摇马克思主义在意识形态领域的指导地位。面对这种情况，高校思想教育工作首先要发挥承上启下的作用，抓住根本，坚持以学生为本的工作原则，及时将负面消息的真实情况通过网络传播传达给学生。当前大学生对重要事件已经具备一定的反思能力，面对真相能保持一定的理性思维，引导学生的想法并不意味着掩盖事实真相。每个学生对事件都有知情权，思想教育工作者要做的是将事实还原摆在学生面前，对不明真相还肆意造谣的学生进行引导。只有尊重并保护学生的权利，学生才会对思想教育工作者重新产生好感，增强对思想教育工作的认同感。在高校范围内，思想教育受众主要是大学生，思想教育工作者要及时关注大学生的思维想法，不断地与学生进行思想互动，了解大学生真实的思想状况，主动帮助大学生解决思想上的困惑，对于激进的思想要及时加以制止，做好大学生的思想教育工作。在解决思想问题的过程中，重要的是，向学生传递解决思想问题的办法和思路，帮助大学生树立理性思维，促使其理性地对待问题。只有对大学生的思想状况有充足的了解，才能知道大学生的想法，对症下药，采取大学生喜闻乐见的多种传播形式展示主流思想的独到之处。通过线上和线下相结合的方式加强高校马克思主义理论知识教育，要避免过去那种强行灌输和说教的教育方式，使学生懂得如何利用马克思主义思想武装头脑，指导实践。另外，要提高学生鉴别非主流意识形态的能力，使其能有效应对各种非主流社会思潮的影响。

其次，严格遵守三个"坚决"。坚决反对思想领域的多元化，坚决维护马克思主义的核心地位，坚决抵制反马克思主义的错误思想和行为。马克思主义的认识论告诉我们，实践决定认识，如果脱离了实践认识就不具有科学性，脱离实践的认识犹如纸上谈兵，以百年实践经验为基础的西方意识形态就显得不堪一击。新媒体时代为我们带来了不同社会思潮下的文化信息，这些信息不断地进入我们生活的方方面面，信息增多必然会带来不同思想的交锋，这些思想交锋的背后则是不同意识形态理论的交锋。国外发达国家利用互联网技术的优势通过各种手段向我国大学生渗透带有意识形态色彩的信息，主流思想教育工作者要立足于当前社会发展实际，不断增强马克思主义思想理论说服力，加强战斗力。同时，要求高校思想教育工作者引导大学生坚决抵制来自虚拟世界的各种落后、错误的思想文化，并增强自身辨别落后思想文化的能力。我国正处在社会发展的关键时期，社会主义市场经济体制下仍存在弱势群体，当人们的正当诉求得不到满足时，必然会导致很多的社会矛盾争先浮出水面。许多反动势力正是把人们对社会的不满情绪作为突破口而兴风作浪，肆意煽动公众的反动情绪，破坏社会公众对党的信任，诋毁社会主义意识形态建设的内容与思想。各种反对马克思主义的声音在人群内部传播，这样的情况考验着我们思想教育工作者的能力。想要消除大学生对社会的不满情绪，思想教育工作者要坚决抵制各种反对马克思主义的思想和行为，坚决维护马克思主义的指导地位并奏响时代主旋律，确保高校意识形态建设在马克思主义指导下健康发展，保持正确发展的方向。同时，思想教育工作要加大马克思主义理论联系实际的深度与广度，高度关注网络舆情，建立网络舆情监测机制，在与各种思潮的对抗中，凸显马克思主义理论的先进性与战斗力。采取各种强制措施及时制止诋毁社会主义思想建设言论的散播与蔓延。在与各种蛊惑人心的社会思潮进行斗争时，不能忘记我们根本的思想武器——马克思主义思想，马克思主义思想是重要保证，有利于我们在与其他思潮进行斗争时保持不败。在复杂的网络环境下，我们要在思想领域自动过滤掉各种错误思想。越是有各种社会思潮对我们进行思想干涉，就越说明我们坚持马克思主义思想的必要性，也说明了马克思主义思想顽强的生命力。在各种思潮纷繁复杂的情况下，坚持马克思主义思想可以向人们表达出我们的立场是非常坚定的，任何破坏马克思主义思想的社会思潮都将会被阻挡在人们的视线之外，在思想领域筑起坚固的屏障。思想教育工作的顺利进行有利于加强人们对马克思主义理论的决心，使人们在进行思想斗争时能够自觉坚守思想底线，帮助人们树立科学的世界观、人生观、价值观。

马克思主义理论要求我们坚持理论联系实际，积极进行实践，不断发现问题并在科学理论的指导下解决问题，积极应对新媒体时代提出的问题，坚持主流思想的核心地位。高校思想建设要以马克思主义理论为主，巩固主流思想的核心地位，过滤掉互联网中错误观念和思潮，进而运用网络平台提高大学生的主流思想意识和精神境界，解决大学生面临的困难，通过解决困难让大学生清楚地认识到在思想领域坚持马克思主义核心地位与发展多种多样的文化、与社会发展的多样化并不冲突，唯有高举马克思主义旗帜,才能在意识领域出现一些杂音时做到"任凭风浪起,稳坐钓鱼台"的境界。

最后,加强舆论引导。在新媒体时代,思想工作者凭借主流媒体的平台拥有更多表达主流思想的途径,想要得到人们的认同就必须想办法让自己表达的思想具有说服力,更加符合当前人们的想法。主流意识形态建设的科学性和民主性要求思想教育工作者能够了解人们的真实想法,通过不断研究人们的心理来不断创新工作方法,只有思想教育工作者的信息能传递人们的意愿,才能达到引领社会思潮的目的,当前人们思想的多元化要求由主流思想来引导。通过主流传播平台传达信息并不代表信息具有权威性,人们不接收的信息只会起到反作用,不断割裂主流舆论与民众的关系,如果民众与主流舆论产生不可调和的矛盾,主流思想教育工作就会失去权威性。只有传播的信息能够最大限度反映人民群众的利益要求,才会在人民群众内部产生良好的化学反应,才会被更多人接受,才会体现出马克思主义理论的凝聚力。保证群众的知情权是舆论引导的前提,我们的舆论环境已经变得透明。信息的公开和透明是信息时代的标志,也为我们提供了更多了解信息的渠道。公众对政府信息表达出强烈的了解愿望,政府工作信息的公开方式已不能再像从前那样例行公事。随着人们对政府工作的关心程度越来越强,政府公开信息越发具有必要性,如果政府与公众之间信息沟通存在严重的障碍,那么民众对政府的信任度必然下降,许多肆意破坏国家安全的信息就会趁机流传,歪曲国家和政府的形象以便他国意识形态思想入侵。面对谣言,如果国家和政府不能在第一时间作出澄清,谣言就会大面积传播造成社会恐慌,因此舆论引导是做好思想建设工作的必要手段。信息公开化是政府网罗天下民意的重要途径,也是粉碎谣言、维护社会稳定的必要手段。通过互联网建立信息沟通渠道,方便政府了解舆论动向,也方便民众表达自己的想法,只有不断沟通逐渐化解民众与政府的矛盾,提升政府的公信力,帮助人们在心理上自觉地认同主流思想,社会主义思想才更加具有亲和力与影响力。在高校要增强马克思主义思想影响力，一要反对把马克思主义思想看作抽象和空洞的这一观点；二要充分利用新媒体技术和网络宣传体系，弘扬社会时代主旋律和社会主义核心价值观，客观对待其他非马克思主义的社会思潮；三要充分发挥高校在思想建设领域的主阵地作用，推动高校思想教育工作取得良好效果。

第二节　培养新媒体时代下网络传播与大学生思想教育工作的良性互动

周鸿铎在《网络传播学概论》中提出，"网络传播是政治家、政府组织和公民三个环节中的中介或渠道，三者之间的互动关系构成了协议网络传播的研究对象"[①]。在西方网络传播学者的眼里，大众传媒的产生和发展对网络传播具有不可替代的意义。随着社会的不断进步，大众传媒在短短的时间内就取得了飞速的发展并将人类社会带进了新媒体时代，大众传媒作为主要的网络传播手段也进入了一个全新的历史时期。新媒体走进政治生活并且扮演着非常重要的传播角色，执政党或政府想达到自己的政治目的必然要利用新媒体，互联网作为新媒体的杰出代表就成为许多政客青睐的对象，也逐渐成为当今网络传播的必争之地。当今大学生作为最活跃的群体对于互联网的依赖不亚于政客，但是两者的目的、方式、对互联网的认识截然不同。大学生对于互联网的使用仅仅停留在消磨时间、开阔眼界、人际交往等层面，政府则是将互联网作为网络传播的重要工具以达到自己的政治目的，两个截然不同且没有利益冲突的阶层因为互联网的技术特点紧密联系在一起。西方势力希望借助于新媒体工具对我国大学生进行意识形态渗透来达到瓦解我国社会主义核心价

---

① 周鸿铎.文化传播学通论[M].北京：中国纺织出版社，2005.

值观的目的。我国由于国情等因素尚未形成强大的文化壁垒，加上大学生思想教育工作的薄弱因素，给了西方意识形态渗透以可乘之机。基于以上几点，为了更好地抑制西方意识形态的不断渗透，培养新媒体时代的网络传播与大学生思想教育工作的良性互动就成为当务之急。

一、把握正确舆论导向，营造良好的思想教育工作氛围

网络是把"双刃剑"。新媒体时代的到来让人们"不出门而知天下事"，人们在获取海量信息的同时，也遨游、迷恋于网络虚拟交流平台。除此之外，网络也早已成为衡量国家综合国力的一部分。每样事物都有着两面性，所谓的"安全地带"在现今的网络中已不存在，国家间的争夺已经开始出现。但因网络具有隐秘性的特点，国家间在网络中的争斗还处于无形状态。与专门用互联网进行网络传播的政客相比，大学生对互联网的认知是远远不足的。面对严峻的思想教育工作问题，高校作为培养大学生的前沿阵地责任显得尤为重要。顺应当前新媒体时代的趋势，积极拥抱新媒体，创建具有创新性的思想教育工作网站是现在各高校采取的措施。例如，北京大学的"红旗在线"、南京大学的"求是网"都是宣传思想教育工作的理论阵地。但高校仅仅建立专门性的网站是不够的，还应做到以下四个方面：①在网络传播中高举中国特色社会主义伟大旗帜，旗帜鲜明地宣传社会主义核心价值体系，主动宣传典型模范来营造积极的氛围，让学生在学习的同时能够感受到我国思想教育的独特性。②在网络传播过程中注意宣传党关于学生群体的政策和路线，积极围绕着学生感兴趣、关心的话题展开讨论，增强网络传播话题的吸引力，同时注意对学生问题的及时反馈，通过良性互动来保障稳定的局面，避免网络世界矛盾的产生。③在网络传播过程中，要注意对不良思想的剔除，很多不良思想披着虚假的外衣对学生的思想进行腐蚀，因此剔除不良思想对于重塑大学生的世界观、人生观和价值观尤为重要。④当面对不良

的网络传播舆论导向时，要积极有效地控制错误舆论的蔓延，并及时出面澄清事实并以平等的身份同学生进行沟通，对于学生的思想方向要主动引导而不是强制矫正。

二、调整思想教育工作的方法，积极拥抱新媒体

新媒体走进课堂改变了传统教育教学方式，将新的教学方式运用到教学过程中是当前的趋势。思想教育工作的方式也要在坚持优秀传统的基础上不断创新，将传统灌输模式转变为双向积极互动模式，只有充分尊重学生的主体地位，才能顺应现在的数字化潮流进而赢得大学生群体的青睐。首先，新媒体的传播工具在传播过程中呈现出多样化、个性化的特点，学生在使用新媒体的传播工具过程中也深刻体会到这一特点并受到影响，所以大学生内心主体意识非常强烈。我们在网络传播过程中不能一味地采取传统的灌输模式，耳提面命的教育方式并不能同新媒体产生良好的互动，双向互动是体现学生主体地位的全新教学方式，通过体现学生的主体地位、与学生进行积极沟通，不仅可以及时地了解学生的真实想法，也会提高思想教育工作者在学生心目中的地位，还会让学生有受到重视的感觉进而体会到主流思想的魅力。其次，改变传统教学方法。多媒体教学是现在高校的主要教学方式，教师通过多媒体可以生动地讲述课程中的内容，但是拥抱新媒体并不是仅仅依靠新媒体，我们可以采取更多新的教学方法。例如，利用QQ等工具进行一对一、一对多、多对多等形式教学，通过新媒体工具开展交流和互动。除此之外，新媒体工具也可以用于群组讨论、小型辩论会等其他课余活动。但是，在依靠新媒体工具教学过程中，要注意新媒体的弊端。虽然新媒体工具的多样化可以缩短教师与学生的距离，但是不能完全放弃面对面的教学模式，新媒体会让人过分依赖新技术而放弃面对面的沟通，找到两者之间的平衡才是创新教学方法的正确思路。

运用新媒体掌握高校意识形态建设的主动权。新媒体时代的主流思想建设要打破传统的教育模式对大学生的束缚，挣脱传统观念带来的思想枷锁，积极与新媒体相融合，只有同新媒体结合才能吸引大学生的注意力，主流思想也才更容易为大学生所接受。主流思想的建设在技术层面需要运用新媒体，更需要改变传统的教育理念，在新媒体技术的基础上建立适应现代教学的教学模式，如果我们依然坚持传统的教学模式必然会降低本来就枯燥的理论内容对学生的吸引力，使其排斥主流思想。大学生的思维非常活跃，对新媒体的认同感比较强，进而对于网络具有一定的依赖性，大学生更习惯用网络工具来获得信息，这为思想的传播提供了新的思路。互联网技术的广泛运用为主流思想提供了丰富的传播渠道，为高校打造思想传播平台创造了有利的条件，是增强主流思想吸引力的重要手段。高校思想教育工作者要充分把握新媒体技术的广泛运用带来的机遇，将主流思想融入其中，使大学生在了解信息的同时无形中受到主流思想的影响。大学生希望看到主流思想的内容变得"接地气"，摆脱"假大空"的说教。在互动的过程中，大学生可以充分地表达自己的意见，高校思想教育工作者积极地反馈与交流，两者的良性互动过程就是主流思想深入学生群体的过程。在新媒体时代，高校思想建设要抓住新媒体带来的有利时机，运用新媒体建立现代化的教育理念，在思想领域的斗争中牢牢把握意识形态建设的主动权。

三、培养具有专业素养的思想教育工作者

目前，我国的思想教育工作难以获得人们的认可，在一定程度上和思想教育工作者的素质有关系。许多大学生习惯性地认为思想教育专业的教师普遍死板，只会向学生灌输思想，本身的示范效应是"见光死"。其实大多数思想教育专业的教师之所以不受学生的欢迎，是因为教育方法传统和专业知识枯燥，且在通识课的课堂上要求比校思想教育工作不

能仅仅依靠思想教育专业的教师来完成，而是需要全校的教师共同努力。在这一过程中，许多功利性的教师，其言论和自己在现实生活中的表现是不相符的，有些甚至是相违背的。从事思想教育的工作者必须坚持和发展习近平新时代中国特色社会主义思想，以马克思列宁主义、毛泽东思想、邓小平理论、"三个代表"重要思想、科学发展观作为我国主流思想的内容并坚持解放思想、实事求是、与时俱进、求真务实。思想教育工作者的政治素质和文化素质对于大学生思想教育工作具有导向性作用，教育工作者必须具备扎实的理论知识和敏锐的政治判断力，坚持正确的政治方向，对于网络传播过程中的信息作出正确的判断，引导学生吸收正确的、积极的信息武装自己的头脑。德才兼备不仅是对学生的要求，更是对教育工作者的基本要求。只有具备优秀文化素质和良好道德素养的教师才会有较强的感染力和影响力，才会让学生信服，成为学生崇敬和模仿的榜样，在学生心目中具有较高的威信。高素质的教育工作者不仅需要具备良好的科学文化素质和道德素养，还要以身作则，通过不断学习和反省来完善、提高自己；能够熟练掌握在网络传播中使用新媒体的技巧，以快速有效地将信息传播给受教育者，同时作为网络传播中的重要组成部分，其丰富的知识和熟练的技巧完美结合会增强意识形态工作的吸引力，起到事半功倍的作用。

在新媒体时代，人们在工作以外的生活有时是处于透明状态下的，大学生可以了解到很多教师在课堂之外的生活。但是有些大学生对高校以教师为主的精英群体存在一定的抵触情绪，一方面因为他们距离精英群体较远而产生了不平衡心理；另一方面是因为确实存在课堂上一味宣扬主流价值观念、高唱主流思想却在生活中表现与之相反的教师，让学生对精英群体产生失望心理，进而对他们宣扬的价值观产生抵触情绪。这样的情况不是依靠多数精英的行动弥补就可以改变的，这需要高校对精英群体尤其是从事思想教育工作的精英群体进行严格把控。在网络上，我们会看到某高校教授与学生发生不正当关系、教育工作者贪污受贿等负面消息，这些精英一边高谈道德底线，一边私底下肆意践踏道德底线。在大学生心中，教育工作者的形象应该是高尚的，这些负面新闻不免会让大学生对教育工作者产生失望情绪。随着互联网的普及，网民可以随时随地了解到这样的信息，负面效应的不断扩大必然会降低大学生对主流思想理论的认可程度。因此，思想教育工作者要在积极宣讲主流思想理论体系的同时，以身作则带头实践，如此才能取得大学生的信任与支持。同时，教育工作者还要不断提高自身修养，在工作与生活中禁得起组织考验和群众监督。只有这样才能增加大学生对教育工作者的认同感，不断提高理论工作的说服力。

四、科学制定高校思想教育工作的目标

党的十七大报告明确提出要"建设社会主义核心价值体系，增强社会主义意识形态的吸引力和凝聚力"[①]。新媒体时代的社会政治、经济、文化环境不同于传统封闭社会，因此高校思想建设目标的定位显得尤为重要。新媒体时代的思想教育工作比以往更加有难度，因为新媒体时代的思想传播模式已经对人们的思想产生了不可磨灭的影响，以新媒体时代为背景开展思想教育工作是当前形势对高校提出的要求，也是对我党提出的新要求。"社会主义意识形态建设的目标指向，是社会主义意识形态在实现国家战略目标上的功能体现和价值体现。"[②] 能否正确引导和规范管理网络世界的重点在于能否在总结过去的经验基础上打造符合新时代发展的网络世界。结合当前社会的发展特点，科学地制定高校思想教育工作目标，是对大学生思想教育工作的科学定位。为了提高新媒体时

---

① 胡锦涛.高举中国特色社会主义伟大旗帜为夺取全面建设小康社会新胜利而奋斗：在中国共产党第十七次全国代表大会上的报告[N].人民日报，2007-10-25.
② 江苏省社会主义核心价值体系研究中心.论我国现阶段社会主义意识形态建设的目标指向及实现机制[J].当代世界与社会主义，2009（1）：172.

代高校思想教育工作的吸引力,高校思想教育工作者要能够在科学、合理的思想教育工作目标基础上,不断探索有效的工作方法与机制,为高校意识形态建设提供思想支撑。坚持马克思主义思想的包容性,注意学生利益的调节分配,有针对性地开展思想教育工作,注重思想教育工作的时效性,从而达到增强新媒体时代主流思想凝聚力的目的。

"党的意识形态应能够反映更多群体的利益、愿望和要求。当然,这并不意味着我们党要淡化自己的阶级性。"① 扩大马克思主义理论的包容性要具体到主流思想的包容性,主流思想在建设的过程中需要不断吸收其他思潮的营养成分,不断充实自身实力,扩大影响力。网络世界是开放的世界,任何符合条件的人都可以在网络世界里尽情遨游,多元化思想的交汇是必然趋势。我们想要做好思想教育工作就要让主流思想在网络世界站稳脚跟,高校需要赢得更多学生的支持,除了能够为学生提供更多的信息交流渠道外,更要保证学生的合法利益不被网络世界内的恶势力侵害。我们通过观察身边的情况可以发现,有的学生在面对现实利益问题时大唱高调,但是到了网络世界却变得异常反动,除了表达自己心中的不满外,还会蓄意煽动其他同学。如果思想教育工作者能够及时发现此类问题并加以制止,那么此类问题就不会继续恶化并上升为社会问题。如果对此类问题关注度不够,那么此类事件很可能会上升为群体性事件,甚至导致学生与校方产生冲突。因此,高校思想建设要将不同的诉求尽量整合,去除内容不和谐的节点,即使不能和谐相处,也不能发生冲突。

五、思想教育工作要坚持以人为本

"以人为本作为一种意识形态工作的价值取向,要发扬人文精神、维

---

① 王长江.深入研究执政规律 全面推进党的建设 [J].中国党政干部论坛,2004(7):4.

护人的尊严、实现人的价值、逐步推进人的自由而全面的发展。"①

高校思想教育工作的对象是大学生,在开展工作时要注意大学生这一群体的特殊性。目前的大学生更希望在自由的环境里展示自我,对个性的追求甚至超过对理想的追求,因此开展思想教育工作一定要坚持以大学生为本的原则。以人为本指的是"人们处理和解决一个问题时的态度、方式、方法,即指人们抱着以人为根本的态度、方式、方法来处理问题,而所谓根本就是最后的根据或最高的出发点与最后的落脚点"②。高校在思想教育工作过程中应始终以大学生作为前提和目的,充分体现大学生在思想教育工作中的主体性地位,把满足大学生的利益作为出发点和落脚点,不断提高大学生的素质以及主体意识。在校园范围内努力打造一个自由平等、公平正义的环境来激发大学生关心政治、参与政治的热情,使其能主动表达自己的意见与看法,充分发挥能力与才智;与此同时,应积极利用互联网搭建高校与学生良好互动的平台,进一步改善高校同大学生的关系,通过网络思想建设来加强二者之间的联系,起到及时沟通、化解矛盾,增强高校发言权、增强学生主人翁意识的作用。在对大学生开展思想教育工作的同时也要加强对高校思想教育工作者的教育,在增强其专业知识的同时培养其为学生服务的意识。新媒体时代意识形态建设坚持人本主义取向,充分反映大学生的呼声、意志和利益,成为习近平新时代中国特色社会主义思想完善和发展的必然选择。"人民群众始终是推动社会历史发展的主体,他们不仅通过推动生产力的发展从最终意义上影响和决定着社会基本矛盾的走势,而且还以主力军的角色直接参与推动生产关系和上层建筑的变革,参与推动社会形态的演进。"③大学生作为群众的重要组成部分,也是思想建设的重要组成部分,坚定大学生对我党的信心以及对共产主义的信仰,是保证我国政治制度

---

① 雷鸣.以人为本与党的执政能力建设[J].当代世界与社会主义,2007(2):55.
② 黄楠森.论"以人为本"的思想渊源和科学内涵[J].伦理学研究,2011(5):11.
③ 周运江.浅析以人为本是思想政治工作的本质要求[J].湘潮,2011(8):212.

顺利运行的重要条件。大学生是否认同当前思想教育工作是高校思想建设能否立足的根本，也是衡量高校思想教育工作质量的标准。

第一，必须尊重大学生的主体地位。在新媒体时代，鉴于很多大学生在网上花费的时间和精力远多于在现实生活中花费的时间和精力，因此大学生几乎成了网民的代名词。网民的力量是不容忽视的，数量庞大的网民在许多重大事件中发挥着主导舆论的作用，成为政治生活中不可替代的力量，网民主体地位得到认可是网民发挥正能量的前提。在高校内，大学生是最大的网民势力，了解信息的渠道更加广泛，能够表达的想法也更多样化，大学生主体地位的体现一定程度上决定着大学生在面对舆论事件时的态度。在人类历史发展的进程中，人民的意志是不可违背的。同样，在大学校园内，大学生群体性的意见也是不容忽视的，尤其在网络世界，更要保证大学生的主体地位，正因如此，社会主义思想最本质的先进性要求就是坚持尊重虚拟社会和现实社会中人民群众的主体地位。

第二，以关爱为主。新媒体为许多发泄不良情绪的人提供了方便的场所，网络中有各种各样的人对社会存有抱怨情绪。现如今，我国正处于迈向第二个百年奋斗目标的关键时期，国内、国际的各种矛盾错综复杂，加上新冠疫情给经济和生活带来的影响，这样的情绪会影响到很多人的心态，例如，许多大学生缺乏对未来生活的信心，加上功利主义的渗透，许多大学生只将物质利益作为唯一价值标准，面对社会的不公平事件更是表现出"愤青"行为。我们对于大学生的思想问题要从关爱的角度出发去解决，一味地要求反而不会达到预期的效果，教育工作者要把大学生的抱怨和消极心态看作合理的现象，及时关注网络上的不良言论信息，要在包容的基础上，跟踪网络求助，帮助大学生积极面对问题并寻找解决问题的方案。

第三，促进大学生的全面发展。马克思认为，人的全面发展是"人以一种全面的方式，也就是说，作为一个完整的人，占有自己的全面的本质"[①]。促进人的全面、协调和可持续发展是建设社会主义和谐社会的本质要求，也是社会主义思想教育工作的基本目标。新媒体时代对于大学生思想教育工作方式提出了更高的要求，要在能够满足大学生要求的基础上营造更加宽松的网络环境，使大学生在学习专业知识的同时具备良好的心理素质。思想教育工作不只强调培养大学生对主流思想的认同，更要帮助大学生树立正确的价值观。在尊重大学生主体地位的基础上，激发他们参与政治的热情，使其在政治上成为自己思想的主人，面对热点事件能够通过思考得出结论，对于不良舆论导向有清醒的认识。大学生思想方面的成熟是思想教育工作的基础，也是抵制外来思潮入侵的基础。思想教育工作者在传播思想的同时应注意将马克思主义不断内化，使大学生在内心深处认同马克思主义，在作政治判断时主动选择马克思主义。

第四，尊重差异。新媒体时代方便各种思想在网络世界进行传播，如何在思想多元化的环境下理性、科学地接受信息并帮助主流思想站稳脚跟是高校思想教育工作的重要内容。大学生在思想、生活、受教育程度上的差异，导致大学生的思想和行为存在着一定的差异，体现出个体化趋势。多元化社会要求思想建设也顺应这一趋势，在坚持马克思主义思想的前提下，在包容性原则的基础上，尊重与理解多元化的社会趋势，允许不同的思想观念与价值选择行为的存在。有些人在互联网平台上发泄个人情绪虽在情理之中，但如果发布危害国家和社会稳定的消息，就必然会受到处罚。我们要在文化自信的基础上对人们的思想进行引导，面对多元化的思潮要坚持我国主流思潮的主体地位，避免采取强硬措施进行干预，以疏导方式为主，加强对大学生的思想教育，不断增强大学生的文化自信。

---

① 马克思，恩格斯.马克思恩格斯选集：第1卷［M］.北京：人民出版社，1995：294.

第三节　加强大学生网络素质教育

网络的普及给人们带来了极大的方便，也带来了诸多问题，其开放互动的特点让人们成为信息的接收者和发布者，传统的政治管理模式面临着新的挑战。网络无国界拉近了人与人之间的距离，也给信息的有效控制和管理带来了新的挑战。网络进入门槛的降低让更多人参与到网络世界里，也是滋生不良信息的原因之一。虽然大学生是高素质群体，但这并不代表其不会在网络世界进行违反道德的行为。统计结果显示，5.5%的学生表示已经习惯成为"水军"（网络用语，指为他人发帖、回帖造势的网络人员，以注水发帖来获取报酬），其中大部分"水军"是为了赚取佣金而不考虑传播信息的内容。8%的学生已经习惯"水军"的做法并表示默许。数据显示，当代大学生在网络世界的行为不再是以单纯的道德为约束条件，有的学生会为了赚取佣金而不负责任地散布谣言，这是在网络世界中最不负责的行为。当前加强大学生网络素质教育对于提高大学生综合素质具有非常重要的意义，对于思想教育工作的开展同样重要。

一、培养正确的网络意识，正确地使用网络

熟练地掌握网络技术已经成为现代人尤其是大学生一项必不可少的生存技能，高校在帮助大学生树立正确网络意识的基础上，还可以开设一些相关的网络操作培训课程使其具备良好的网络技术。首先，思想决定行动。为了更好地适应现代社会的要求，同时促进大学生提高自己的专业技能，教育工作者要帮助大学生树立正确的网络意识和用先进的思想武装头脑，树立正确的"三观"，树立爱国主义思想并增强正确识别错误信息的能力，抵制西方意识形态渗透。其次，行动决定未来。教育工作者不仅要尽心帮助大学生熟练地掌握相关理论知识，还要让学生能够学以致用，亲自实践而不是"纸上谈兵"，同时不可忽视学生沉溺于网络

而导致荒废学业现象。最后，坚持一切从实际出发，在尊重网络世界客观规律的基础上，发挥学生主观能动性，抓好打基础利长远的工作，要鼓励学生大胆探索并及时总结经验，勇于提出网络相关知识理论和实践创新。在教学过程中向学生传播有关网络方面的法律法规和道德规范，同时宣传具有模范效应的形象和故事，让学生受到正面影响并得到鼓舞，还应在此基础上向学生展示因违反网络道德和法律法规的行为而受到惩罚的案例，让学生引以为戒，如此，用正面效应和反面教材相结合的教学方式来提高大学生的网络意识。"通过多手段、多途径、多层次、分布式的处理，实现了国家级网关的 IP 地址阻断、主干路由器的内容监测、域名过滤、监控软件、内容发布过滤等功能，把大多数网民能接触到的信息控制在政府能接受的水平上。"① 现阶段，我国政府对网络信息实行普遍的过滤、人工抽查、实名制等相结合的管理制度。网络机构的自我审查是发布信息之初要经过的一个步骤，如在注册网站或者论坛时，都会提示要遵守国家法律，不得发布颠覆国家政权、危害国家安全、泄露国家机密的内容。而针对破坏这一规则的内容则给予发布人删除账号、封 IP 地址的处罚，更有甚者可能会造成整个网站被关停的严重后果。近几年，我国对于互联网的维护取得了不错的成绩，对于互联网信息的把握和监管也取得了实质性的进展，对于在网络世界不遵守规则的网民坚决予以处罚。在高校网络环境教育中，要向学生传递遵守网络法律法规的精神，帮助其做合格的网民。

二、加强大学生网络道德教育

网络道德素质是网络素质的重要组成部分，大学生的网络道德素质

---

① 李永刚. 我们的防火墙：网络时代的表达与监管 [M]. 桂林：广西师范大学出版社，2009：97.

对于大学生在网络世界的各种行为是否符合网络规范起着关键性的作用。大学生只有树立正确的网络意识，才会懂得网络世界和现实世界一样具有规范人们行为准则的法律法规，"不以规矩，不能成方圆"同样适用于网络世界。"网络是一个不需要护照，没有边防检查站的、出入通畅的'数字化'王国。"[1]网络法律法规强制约束学生行为的同时，网络道德规范也是学生必须遵守的规范。《全国青少年网络道德规范》明确指出大学生在网络世界的哪些行为是被提倡的，哪些行为是被坚决抵制的，帮助大学生认识到网络道德和网络技术都是高素质人才必须具备的重要素质。端正大学生对于网络世界的认识，增强其明辨是非的能力，使其自觉分辨网络世界信息的真伪，在社会主义核心价值观的基础上剔除不利于自身发展的信息，守住心灵的净土，遵守网络道德规范，正确认识网络技术是获得信息的新渠道和新方法。正确利用网络获得新知识，提升自身素质，成为网络世界文明的参与者和实践者，是对当代大学生的基本要求。

三、加强网络技能运用的培养

高校在对大学生进行网络素质培养时，应重点关注大学生自主搜索信息能力和人际沟通能力。首先，大学生利用网络的熟练度相对较高，可以熟练地运用各种搜索引擎找到自己想要的东西。网络世界的复杂性导致负面信息大量存在，对于大学生的影响是潜移默化的。大学生如果没有较高的文化素养和丰富的专业知识，很难对复杂的信息进行筛选与整理，这就为西方不良思想提供了可乘之机。网上海量信息的传播对大学生使用网络提出了难题，大学生只有具备良好的网络文化素养才能熟练地运用网络技能。高校要注意积极培养大学生筛选信息和处理信息的

---

[1] 邬江，郝文江.筑起网络安全的长城[J].网络传播，2007（10）：15.

能力,包括获取信息、分析信息的正确性以及合理运用信息的能力。这种能力可以帮助大学生在获得有利信息的同时保护自己不会受到其他外来不良信息的影响。大学生在使用网络的过程中可以拓展自己的学习领域和学习方法,比如运用博客、论坛等工具对自己关注的问题发表看法并且和其他人进行交流互动,利用全新的环境和手段为自己的学习生活注入新鲜血液,丰富自己的学习生活。其次,在运用网络的过程中无法避免与其他人(包括身边的人和陌生人)交流,这是网络世界与现实世界的差异。网络世界的人际交往更加复杂和危险,网络诈骗时有发生,这样的悲剧给大学生敲响了警钟。大学生在遵守网络道德规范的同时也要注意自我保护,面对陌生人的诱惑能够保持清醒的头脑,"天上不会掉馅饼"是大学生应该懂得的道理,很多人因为禁不住诱惑而上当受骗甚至失去年轻的生命,这对于任何一个家庭来说都是悲剧。因此,大学生在网络世界交往过程中,既要文明礼貌又要注意保护自身安全。

第四节 营造和谐的网络文化环境

一、创造良好的校园网络文化

"网络文化的内容要将'高雅'的东西与'通俗'的东西充分糅合,将艰涩难懂的古义经典以白话的形式予以解说,创造大众喜闻乐见的文化形态,培育健康向上的文化氛围,逐渐铲除低俗文化生存的土壤。"① "真正优秀的文艺作品来源于社会生活,反映社会生活,通过对生活的挖掘以真、善、美的形式表现出来。在先进文化的传播方面,我们要通过各类传播途径利用视频、文字、图像等多种方式来发展融合科学

---

① 黄汀洲,刘涛.解铃还须系铃人:大众文化中低俗文化乱象的成因与消解[J].今传媒,2010(11):80.

精神与人文精神的文化作品。"高校以校园网为载体将整个校园连接在一起,宿舍楼和办公楼都可以使用统一的校园网,这就为大学生上网提供了一个良好的校园网络环境。在网络覆盖校园的基础上要保证校园信息的及时公布,校园网站上面有学校所有党政部门的专栏并且随时更新信息,学生可以随时随地在校园内通过校园网了解学校的信息,通过校园网对学校的工作提出意见和建议。领导和学生的良性互动是校园网的最大优势。学校应多开展计算机技能展示大赛并鼓励学生积极参加,设置比赛奖品时将物质奖励和精神奖励相结合,激发学生积极主动参与的热情。通过比赛,学生可以更深入地了解计算机的强大功能并重新认识计算机的作用,在学习和生活中借助网络的优势更好地适应新的环境,感受网络的独特魅力并自觉正确地使用网络。在教学过程中,教师应该注意"传道、授业、解惑"三者的同时运用。课堂除了是讲授知识的地方,更是教会学生如何做人的重要场所,教师在讲授知识的同时应该注重学生实践能力的培养,鼓励学生积极主动地实践,培养学生动手能力和动脑能力。在生活上对学生无微不至地关怀也是增进师生感情的方式之一,及时地进行真诚的沟通是教师和学生建立感情的基础,师生感情浓厚才会让学生对教师产生信任。师生关系和谐、校园文化和谐才会为学生提供良好的文化环境,更有利于学生学习。

二、加大校园网络监管力度

学校应该建立专门的部门来管理校园网络,比如定时开启和关闭网络以保证学生得到充足的休息,积极鼓励学生利用上网的时间进行学习交流互动,建立专门的网络平台由专业的教师对学生进行网络辅导,充分利用网络资源的丰富性和交流的便捷性为学生提供更好的学习环境。建立属于自己的思想教育工作网站,专门宣传主流思想的积极影响和先进模范的典型事迹,让学生在上网的同时也能感受到主流思想的优点和作用；同时，将西方意识形态渗透的方式呈现给学生，帮助学生正确区分主流思想和西方意识形态，增强学生分辨两者的能力，使其自觉抵制后者的入侵。对校园网信息进行实时监控，及时筛选和清除垃圾信息，避免不良思想和破坏和谐的事件进入学生的视野，控制不良信息的传播和蔓延。要注意网络信息内容传播的规范。对于网络信息传播的内容，2000年9月25日发布的《互联网信息服务管理办法》（中华人民共和国国务院令第292号）中做了明确规定。其中，第十五条指出，"互联网信息服务提供者不得制作、复制、发布、传播含有下列内容的信息：（一）反对宪法所确定的基本原则的；（二）危害国家安全，泄露国家秘密，颠覆国家政权，破坏国家统一的；（三）损害国家荣誉和利益的；（四）煽动民族仇恨、民族歧视，破坏民族团结的；（五）破坏国家宗教政策，宣扬邪教和封建迷信的；（六）散布谣言，扰乱社会秩序，破坏社会稳定的；（七）散布淫秽、色情、赌博、暴力、凶杀、恐怖或者教唆犯罪的；（八）侮辱或者诽谤他人，侵害他人合法权益的；（九）含有法律、行政法规禁止的其他内容的。"以《互联网信息服务管理办法》为主，辅以《全国青少年网络文明公约》来约束大学生的网络行为，对于在校园内散布谣言的学生，一经调查核实就严肃处理，坚决抵制在校园内部散布谣言。建立严密的防火墙过滤不良网站和不良信息，确保网络信息的安全，为学生营造一个积极向上的网络文化环境。

三、加快网络法律法规的制定与完善

"1994年以来，中国颁布了一系列与互联网相关的法律法规，如《全国人民代表大会常务委员会关于维护互联网安全的决定》《中华人民共和国电子签名法》等。同时，原有的部分法律法规经过修订或解释也可适用于互联网的相关问题，如《中华人民共和国刑法》等。"①在行政法规与部门规章方面，我国出台了《中华人民共和国计算机信息网络国际联网管理暂行规定》《中华人民共和国计算机信息网络国际联网管理暂行规定实施办法》《中华人民共和国电信条例》《国际通信出入口局管理方法》《公用电信网间互联管理规定》《电信设备进网管理方法》《互联网电子公告服务管理规定》《互联网信息服务管理办法》《信息网络传播权保护条例》《互联网站从事登载新闻业务管理暂行规定》《互联网电子公告服务管理规定》《互联网上网服务营业场所管理办法》《电信网间互联管理暂行规定》《教育网站和网校暂行管理办法》《互联网医疗卫生信息服务管理办法》《互联网药品信息服务管理暂行规定》《药品电子商务试点监督管理办法》《网上证券委托暂行管理办法》《证券公司网上委托业务核准程序》《关于新股发行公司通过互联网进行公司推介的通知》《网上银行业务管理暂行办法》《关于加强通过信息网络向公众传播广播电影电视类节目管理的通告》《中国公用计算机互联网国际联网管理办法》《中国公众多媒体通信管理办法》《中国金桥信息网公众多媒体信息服务管理办法》《计算机信息网络国际联网出入口信道管理办法》《计算机信息系统集成资质管理办法（试行）》等40余个。最高人民法院司法解释主要有《最高人民法院关于审理涉及计算机网络著作权纠纷案件适用法律若干问题的解释》《最高人民法院关于审理扰乱电信市场管理秩序案件具体应用法律若干问题的解释》等。②上述法律法规在维护互联网世界正常运行的过程中发挥了不可替代的作用，但是在纷繁复杂的互联网世界里，想要保证主流思想传播的有序性仍具有很大难度，这就要求国家和政府通过不断完善相关法律法规来实现。越来越多可适用的法律法规出台，个人网络行为规范的覆盖范围越来越广。我们在依法治国的基础上加强了网络执法的建设，

---

① 张真理.法治、市场与自律：互联网治理的有效机制［N］.中国社会科学报，2011-12-22.
② 我国网络立法的现状及其反思［EB/OL］.［2010-06-01］.http：//www.chinalawedu.com/new/16900a175a2010/20101026lifei142659.shtml.

"可以说，维护信息安全，就要建立完善的具有中国特色的、操作性强的国家信息安全标准体系；建立起完善的满足国家信息安全保障体系要求的，涵盖表达自由、知识产权、隐私、安全、公正、权限、管辖等全方位的具有我国特点的信息安全法律体系；建立全面、系统、完善的国家信息安全保障体系；建立一支统一领导、专门的、高素质的、全天候的信息安全管理队伍"①。为了保障网络运行的正常化，我们国家加强了网络立法，但依然不能根除网络上黑客的存在。为此，我们在立法的过程中要遵循网络发展规律，不能盲目地针对个别现象制定不具有代表性的法律法规，结合我国实际的网络发展状况，坚持具体问题具体分析的原则，在尊重网民合法权利的基础上改变网民的错误思想，"好的成文法跟在社会交往过程中自发涌现的规则后面，以谦逊的姿态理解、阐释和整理这些规则，坏的成文法则试图强行改变既有规则，或凭空人为建构出规则"。只有制定符合当前网络发展实际的法律法规才能对互联网世界进行治理，营造一个健康向上的网络环境。

第五节 加强高校舆论引导能力

一、提高传统媒体的舆情引导能力

新媒体在政治生活中的作用越来越明显，尤其是为人们参政议政提供了方便，赢得了人们的赞扬。但是，随着新媒体与政治生活的不断结合，许多负面效应开始蔓延开来，同时一些非主流意识形态的声音也夹杂其中，这些声音是情绪不满群众情绪化的产物，当网络群体性事件爆发的时候，许多新媒体渠道表达出来的声音不一定是人们真实的想法。

---

① 杨义先，蒋朝惠.我国信息安全标准、法律、管理与人才体系建设［M］.北京：信息化与法律出版社，2005：265-271.

负面情绪的堆积会给更多网民带来不满情绪。这样的局面并不是"把关人"能够掌控的，社会的稳定将会受到威胁。传统媒体在人们心中始终带着"官方"的标签，成为维护社会稳定的"第一责任人"，人们早已习惯传统媒体发布信息的规律。如今网络社会成为新的社会形态已成事实，传统媒体面对着新媒体的冲击。面对挑战，传统媒体应积极应对，继续发挥维护社会稳定的作用。因此，传统媒体要积极利用新媒体的优势，抢占网络舆论阵地，及时辨别民意信息的真伪，制止谣言的散布。传统媒体与新媒体的互相借鉴是顺应时代的发展，传统媒体的现代化发展是社会发展的需要，也是其继续发挥引导社会舆论作用的需要。以信息发布软件为例，新媒体软件发布信息更具便利性和低投入特点，微博、微信、QQ等手机软件可以随时发布消息，其他人可以随时转发消息，发布者可以随时关注其他人发布的消息并进行互动，网民的互动就在一瞬间完成了，这些特点吸引了大多数的受众。新媒体软件不仅为人们彰显个性、时尚提供了途径，也为人们及时关注时事提供了方便的渠道，满足了人们发泄心中不满情绪的心理。传统媒体与之相比就暴露出了不小的差距，信息发布需要经过较长的时间和较为复杂的过程，信息传播的时间周期较长，信息反馈的时间也较长，信息与信息之间的衔接存在时间障碍，如果不及时进行信息对接，就很可能会让人们对信息的真实性持有怀疑的态度。在面对热点事件时，人们的情绪比较敏感，比较容易受到外来思想的干扰，一旦外来思想占据人们的头脑，就会引发更大规模的群体性事件。传统媒体在面对这样的突发事件时，有的时候未必能及时做出反应，如果传统媒体没能在事件发生初期先发制人，网络谣言就会在网络世界泛滥，蒙蔽人们的双眼，而人们面对铺天盖地的消息不知道相信哪一个，其想法容易走偏，从而削弱传统媒体的社会影响力与公信力。因此，高校在信息传播理念上继续发挥传统媒体作用的同时，还要注意改变以往的工作思路，最大限度地利用好网络优势。

传统媒体与新媒体在互相包容的情况下共存。"既身担社会责任，也要正确对待管理和约束，不能因为被要求'不要炒作'，就失声退出，甚至连'正面的引导'都不敢做。"① 新媒体的发展并不代表着传统媒体已经消亡，传统媒体与新媒体之间是一种继承与发展的关系，新媒体并不能完全脱离传统媒体，而传统媒体更是需要不断学习新媒体的优势，传统媒体只有不断学习和发展才能保持生命力，继续以权威的姿态发布信息。目前，新媒体已经成为高校校园内的通信手段，信件收发室、校园广播的关注度已经大大下降，许多从事相关工作的学生和教师也感到无奈，因为他们也喜欢使用新媒体软件。为了提高大学生的关注度，继续发挥传统媒体的优势，传统媒体首先要密切关注网络热点话题，及时引导网络舆情，让学生在内心认可传统媒体的权威性。网络热点话题常常是社会问题的反映，与人们的生活密切相关。处于社会转型期的人们情绪不够稳定，容易受到不良思想的影响，甚至会被煽动性的声音带偏。高校思想教育工作要从关注热点问题展开，面对大学生的情绪变化时可以根据信息发布网站中的信息或跟帖情况进行分析，然后利用公信力的优势，及时介入事件的讨论中。在进行讨论的过程中，传统媒体不断将事件原委呈现到学生眼前，并对错误声音进行指正，对于谣言坚决批评和抵制，在澄清事件真相的基础上达到引导学生的目的。传统媒体在信息发布过程中体现出对信息不能及时跟踪的弱点，是外来思想在中国传播过程中不愿意选择传统媒体的原因，因此传统媒体要继续保持信息的准确性，严格控制信息的内容和质量，为学生提供真实、有用、准确的信息。

"传统媒体与网络媒体只有通过大力合作，良性互动，共同推动社会热点问题的良性发展，才能推动社会舆论的形成，并在影响、改变社会

---

① 陈佩华.论传统媒体主动引领网络舆情[J].青年记者，2011（3）：42.

现实方面发挥更大的作用。"① 大学生对热点事件的跟踪能力是其他群体不能比的，他们极度渴望知道事件的真相，并且利用网络的各种优势来探寻事实真相，如果校园官方渠道对热点事件一味地采取敷衍的态度，只会产生反作用，不仅不能减少学生对热点事件关注的人数，反而会激起学生更强的好奇心，一旦事件真相与学校报道的内容不符，就会极大地损害校园官方媒体的公信力。传统媒体要顺应学生意愿，不仅不能蓄意掩盖事实真相，更要深度挖掘事实真相，将真相还原给学生，这样才能提高自身的舆论引导能力。注重内容的质量是提高自身影响力的关键。"无论是虚拟空间还是现实世界，对媒体而言，内容的质量是决定传播效果的最终因素"。② 传统媒体整合信息的时间比新媒体长，思想教育工作者可以充分筛选信息，帮助大学生获得真实可靠的信息，经过层层筛选的信息可以极大程度地保障学生了解事实的权利，并且保障学生不受不良思想的影响。这是网络世界信息整合没有的优势，由于部分网站不能在第一时间获得信息，其信息的真实性值得商榷。网络媒体更愿意利用事件的突发性以及事件本身来吸引眼球，而传统媒体可以在关注事件的基础上进一步深度挖掘，在深度挖掘信息的能力方面，传统媒体与网络媒体不分伯仲，但在内容质量方面，网络媒体无法与传统媒体相比。

二、探索突发事件的应对策略

我国群体性事件的爆发有着复杂的原因。一方面，主流思想的传播受到严重干扰，人们认为主流思想的说法与现实存在巨大的差距，很难看到希望。另一方面，网络信息的泛滥干扰了人们的视线，加上舆论引导的难度不断加大，导致人们在面对群体性事件时不知所措。"简单地说，

---

① 张潇潇，杨寅.试论网络媒体与传统媒体的互动关系：基于舆论形成和发展的研究视角[J].淮海工学院学报（社会科学版·学术论坛），2011（5）：111.
② 李玲.微博时代传统媒体的挑战、机遇与对策[J].理论探索，2011（3）：91.

是社会现代化进程、公众的民主诉求以及传统的舆论引导方法不适应互联网时代的发展等因素综合作用的结果。"① 随着信息传播速度的加快，许多网络突发事件爆发的频率呈上升趋势，经过网络渠道不良信息的包装，许多突发事件会升级为公共危机事件。这一过程不仅快速而且对社会的危害性不断增强，经常让人猝不及防，波及范围包括全社会，大学校园自然无法幸免，这又对校园主流思想建设和管理提出一个新的难题。"完善的体制机制和管理制度是推进我国主流意识形态建设的关键和保障。"② 因此，高校思想建设同样不能忽视突发事件，大学生对突发事件的敏感度要高于常人，那些别有用心的大学生，更是希望看到突发性事件不断扩大，来满足他们畸形的心理需求。高校思想教育工作者尤其要关注校园内的突发性事件，如校园暴力、学生过激行为等容易引起其他连锁反应的事件。建立科学的传播机制，对于预防突发事件、解决大学生的思想问题具有非常重要的现实意义。

  高校的思想建设工作面临着复杂又严峻的考验，要想在思想安全建设方面扳回一局，就要注重传统媒体和新媒体的结合。信息发布速度与跟进速度是新媒体的优势，对信息挖掘的深度和真实是传统媒体的优势，二者的有机结合将会增强解决问题的时效性。首先，在学生的思想源头进行疏导。利用新媒体跟踪信息的便捷性随时关注大学生对热点事件的关注点，及时介入与其进行讨论，同时利用传统媒体的优势进行热点事件的深度挖掘，在潜伏期对大学生进行思想政治教育，可以极大地降低危机事件爆发的概率。其次，面对突发事件及时争夺话语权。面对突发事件，大学生更倾向于相信"草根"媒体的信息，他们认为"草根"媒体更能报道出主流媒体不能报道的消息。这个时候，主流媒体应该及时地把握话语权。新媒体时代的信息已经形成网状交互的形式，每个点都

---

① 林凌.网络群体事件传播机制及应对策略[J].学海，2010（5）：19.
② 王永贵.经济全球化与我国社会主流意识形态建设研究[M].北京：人民出版社，2010：198.

是信息沟通的渠道,"这种'去中心化'的四通八达的快速便捷的信息传递,使网络中任何一个信息的节点都不可能成为唯一的信息垄断者"[①]。思想教育工作者容易在突发事件爆发时丧失话语权,对信息的把控难度加大,各种信息铺天盖地地涌到学生的眼前,谁的信息更快、更吸引眼球,就更容易成为该事件的"意见领袖"。许多信息的发布者注重的不是信息的真实性而是信息带来的经济效益,因此会侧重散布一些只顾吸引眼球的消息来获得经济回报,他们对事件的片面性报道只会让事件朝着更加危险的方向发展。为此主流媒体应该及时站出来,通过官方渠道第一时间发布信息,接受学生的监督,将事件的真相还原给学生,将大学生"愤青"的情绪转化成对事件的理性思考。最后,培养有责任感的"意见领袖"。突发事件爆发后,大学生在初期会采取观望的态度,如果这个时候"意见领袖"及时站出来将大学生的想法引导到理性的角度,那么危机事件扩散的概率将会大大降低。大学生的理性思维还是占据着思想的主要地位,只是外来思想借助于大学生好奇的心理,一味迎合大家的口味散布虚假的信息,将大学生的思想引入歧途。高校的"意见领袖"可以是有号召力的专家、教师、学生,只要他们能坚持正确的价值观念,利用自身的号召力和影响力引领学生思想的走向,就能建立起无形的防御阵地来抵御外来思想的入侵。

三、注重利用网络媒介宣传先进文化与思想

"我国的先进文化是以马克思主义为指导的、具有中华民族特色的、不断吸收国外文明进步成果而又代表人类进步趋向的文化体系。"[②]一个国家的繁荣昌盛与这个国家的文化有着密不可分的联系,先进文化是一

[①] 董清潭.政府遭遇不利网络舆论的主要原因和应对原则[J].求知,2011(6):25.
[②] 曾长秋,汤长安.论网络环境下中国先进文化的建设[J].中南大学学报(社会科学版),2005(2):84.

个国家生存和发展的思想根基,先进文化的前进方向也代表着一个国家的前进方向。我国社会能够持续健康发展在于"积极向上的、健康的主流价值观和道德判断标准作为人们的精神基础,靠着内在的道德自律以及外在的法律法规保障使整个社会朝着正确的方向发展"①。新媒体的不断发展使互联网在文化建设中的作用越来越明显,我们想要维护网络世界的秩序就要处理好网络与文化的关系,网络秩序的稳定依赖网络技术同先进文化的有机结合。校园内的文化建设需要以互联网为支撑,互联网的发展也要以拥有文化底蕴为首要原则。高校思想教育工作的开展要以净化校园网络环境为目的,将网络和文化相结合,以文化为基础大力宣传社会主义核心价值观。

新媒体时代网络文化的建设需要坚持创新的思维。"在观念上,要树立科技意识、平等意识、开放意识和民主意识;在方式上,要采取开放的、民主的、平等的、高效的新方式;在途径上,要努力构建多层次、多渠道的先进文化网络传播体系;在机制上,要对网络传播的管理制度、运行制度、监督制度、评估制度进一步完善。"②高校思想教育工作者要以了解大学生特点为基础,分析当今网络世界的具体规律和特点,制订符合当代大学生特点的工作计划。校园内的官方媒体要想提高大学生对主流思想的关注度,就要重新构建网络文化阵地,多渠道、多样式、多互动地传播主流思想,充分利用学校内的资源对网络上的有关媒体进行整合,将二者紧密地结合起来;主要抵制不良文化对大学生的影响,取而代之的是以先进文化的优秀内容将先进思想传播到大学生的头脑中,坚持贴近大学生的原则,对于反党、反社会等一切蓄意炒作的信息及时剔除。

建立科学的防范措施。"通过提高网络技术如防火墙技术、安全认证技术、密码技术等应用水平,借助技术手段提高网络监控、管理水平,

---

① 谢志强,姜飞云.人民论坛[J].学术前沿,2010(9).
② 傅海鹰.构建和谐网络 传播先进文化[J].辽宁工学院学报,2007(6):60.

监测、过滤、截获、跟踪流入、流出的信息,防止不良信息的传播,确保信息安全和网络的健康、正常与规范化发展。"[1]资本主义发展时间要远远长于社会主义,以此为支撑的经济实力不在一个层面上,因此面对强大的资本主义意识形态冲击,我们要做好充足的准备,牢牢掌握我国文化传播的主动权,对明显反党、反国家的思想必须进行拦截,校园防火墙要将此类信息拒之门外。大学生在课余时间愿意把观看韩剧、美剧等作为放松的手段,对这些国家思想不了解的学生很容易受到其中暗含的资本主义意识形态的影响。因此,对于外来的文化作品,国家和政府要加大审查力度,坚决不放过一个低俗作品,对优秀作品也不放松审查,否则包括大学生在内的许多网民就会被资本主义意识形态洗脑。

高校思想教育工作的顺利开展需要校园内舆论的积极引导,在引导过程中要注意传统媒体和新媒体优势的结合。当前,高校校园内的大学生思想非常活跃并且处于价值观形成的关键阶段,既是外来思想入侵的好时机也是加强引导的好时机,高校思想教育工作者要抓住这个有利时机,结合大学生的特点制定符合当前大学生思想教育工作的目标,在校园范围内加强舆论引导,如果高校校园都能形成良好的思想教育工作氛围,那么主流思想就可以在大学生群体快速传播,在大学生心中形成积极的防御思想,外来思想面对积极的防御思想也会望而却步。

第六节 大学生应加强自我教育

现在的大学生在不了解意识形态相关知识的基础上对意识形态渗透还没有一个清醒的认识,在对西方价值观的了解问题上,只有7%的同学表示了解,在西方意识形态离你有多远的问题上,只有15%的同学选

---

[1] 李晓衡,高征难,卢清华.坚持先进文化前进方向 发展先进网络文化[J].思想理论教育导刊,2004(2):72.

择了意识形态渗透存在于生活中的方方面面。因此，在要求社会和高校加强思想教育工作的同时也要注重大学生的自我教育。外界的教育仅仅会起到导向和督促的作用，大学生的自我教育才是达到预期效果的关键因素，如果学生自身没有对主流思想产生认同，那么一味地耳提面命式教育不会起到实质性的作用。毛泽东主席提倡在人民内部"用民主的方法，教育自己和改造自己"，批评和自我批评是自我教育的最好方法。大学生自我教育将是促进大学生增强思想安全意识的重要方式。

一、加强对思想政治教育公共课的学习

目前，高校思想政治课教育实施效果并不乐观，高校作为思想政治教育的主阵地，应当开设丰富多样的思想政治理论课，这样可以有效提升大学生对进行马克思主义理论教育的认识。长期以来，大学生主动性不足导致思想政治理论课的教学缺乏实效性。因此，必须转变教师的教育理念，提升教师的职业素质，改革传统的教学模式，即改变以"教师授人以鱼"为主的教学模式，而采用以"教师授人以渔"为主的教学模式，从而提升大学生学习的主动性与自觉性。[①]现在高校非常重视思想政治理论课的教学与学生的学习效果。"作为教师，自身应提高综合素质，完善自身的人格，在学生面前树立知识渊博、待人真诚、为人师表的良好形象；在教学过程中，优化课堂教学和建立良好的班风和校风，重视学生的主体性和发展性，从根本上提高学生学习思想政治理论课的积极性和主动性，真正促进每个学生健康、主动地发展。"[②]高校一共开设四门思想政治教育的公共课并作为考研的重要科目，大学生在四年的学习生活中要充分发挥自己的主动性，主动性是指有目的、有意识地从事实

[①] 何新.浅谈大学生在思想政治理论课教学中的主动性[J].管理学家，2013（10）.
[②] 郑文芳.论如何提高大学生学习思想政治理论课的积极性[J].太原大学教育学院学报，2008（S1）：71-72.

践活动,以满足其社会需要[①],是指人的自主性、能动性、创造性和自省性[②]。蒋桂芳在《思想政治理论课教学中发挥大学生主动性的探讨》一文中说道:"思想政治理论课教学中大学生主动性的发挥是指在思想政治理论课的教学中,大学生作为学习的主体,应承担主体职责,发挥主体作用,其自主性、能动性、创造性和自省性得到充分发挥。"[③]现在的思想政治教学方法开始发生转变,新的教学方式走进课堂。以在线课堂为例,许多学生对这样的教学方式更感兴趣。大学生可以充分利用在线课堂学习的便利性,认真学习思想政治教育理论。在考试过程中注意对学习内容的反思,勤于思考便于在头脑中留下印记,有问题的时候要及时与教师沟通解决,避免在学习过程中产生因知识的误解而影响自己的行为。学生通过学习丰富的知识,树立正确的世界观、人生观、价值观;通过主动学习相关知识提高分辨主流意识形态和西方意识形态的能力;在学习专门知识的同时,也应该加强对事实问题的解读,切记不可脱离实际急于求成。网络为学生了解国家的时事政策提供了方便的渠道,学生足不出户就可以及时了解当前的话题以及主流方向,只有积极主动地去接受主流价值观的导向才会真正地落实到实际行动当中。

二、注重思想教育工作方面的实践

为了提高实践能力,大学生在认真学习思想政治教育相关知识的同时更要坚决摒弃"纸上谈兵"的作风,把思想认识仅仅停留在思想方面的错误做法只会让我们停滞不前。毛泽东主席曾说"没有调查就没有发言权"。同样,没有实践就没有发言权。因此,大学生要积极投身到实践

---

① 靳玉乐,等.中国新时期教学论的进展[M].重庆:重庆出版社,2001.
② 张耀灿,郑永廷,吴潜涛.现代思想政治教育学[M].北京:人民出版社,2006.
③ 蒋桂芳.思想政治理论课教学中发挥大学生主动性的探讨[J].教育探索,2012(6):61-62.

当中，参加学校组织的各种实践活动，如"知识三下乡""党章知识竞赛"等活动。东汉郑玄注《中庸》"慎独"云："慎其家居之所为。"就是说，在独处无人注意时，自己的行为也要谨慎不苟。"慎独"作为儒家的一个重要概念，实质正是强调个人道德水平的修养以及个人品行的操守，要求人们自觉遵守各种道德准则，同时注重培育主体意识。"慎独"意识的强弱，在某种程度上决定了主体对自身发展的自省、自律、自警程度，从而促使主体可以"知耻知畏知止"进而达到"慎微慎始慎终"。慎独是一种情操，是一种修养，是一种自律，它可以帮助大学生时时刻刻审视自己、分析自己，去除思想中有悖于道德的想法，将社会道德内化为内心中的自觉反应和行为习惯。大学生要把慎独内涵价值观和修身方法作为自己的内在需要，自觉地反省自己的举止，抵制各种错误的思想和行为，"大学生有了道德知识，懂得了道德规范，就要将其运用到自己的实践中去，把世界观、人生观、价值观和道德观内化为自身道德信念和行为准则，将来就能面对社会正确履行自己的社会责任"[①]，不断提高自身的道德修养和思想意识修养。当前社会倡导的社会主义核心价值观就是大学生应该积极践行的准则，在感受先锋模范的带头作用时鼓励自己向榜样学习，并用自己的一言一行影响周围的学生，产生示范效应。如果每个学生都能谨遵社会主义核心价值观的教导并主动影响身边的同学，那么示范效应就会逐渐在全社会形成。

三、树立良好的心态

人的心态分为积极心态和消极心态。不同的人在面对同一件事情时会表现出不同的心态，例如，在看到半杯水时有人会表现出"怎么只有

---

① 张兴春，佟福锁.试析"慎独"在大学生道德教育中的应用［J］.学校党建与思想教育，2012（31）：47-49.

半杯水"的心态，而有人会表现出"还有半杯水"的心态。大学生的良好心态对人际关系具有重要的影响，良好的人际关系是建立在正确的世界观、人生观和价值观基础上的。交往具有双向性，我们在接受他人帮助关心的同时也要学会付出，人只要生活在社会中，就少不了和别人打交道。对大学生来说，需要处理与同学、教师以及异性的关系等。心态对于人的影响是不容忽视的，积极的心态可以帮助人们从容乐观地面对一切情况；消极的心态会导致人们在面对能力范围内可以解决的问题时发挥不出正常的水平。目前，一部分大学生的心态存在严重问题，受到社会影响的消极心态占据主动地位。大学生之所以面对思想教育工作表现出抵制、消极的态度，就是因为对于主流思想没有完全的、正确的认识。积极心态和消极心态并不是孤立的两种心态，两者之间存在着转化的关系，积极心态可以在一定条件下转化为消极心态，积极心态的形成也是以消极心态为基础的。通过改变心态来改变命运不是一件不可能完成的事情，拥有乐观向上的心态是获得成功的催化剂。改变心态要从小事做起，重视身边的每件小事和每个人，"与人交往时要注意沟通双方的思想，了解对方的兴趣和爱好，不仅自己要有所得，而且要考虑对方的需要。同时也要注意提高交往的质量。君子之交淡如水，真正的朋友是以相同的目标、共同的理想为基础，相互信任，经得起时间的考验，才是真正患难朋友"[①]。大学生处理好各种各样的关系是以良好的心态为基础的，如果大学生能够熟练地处理好各种关系，就表明他们已经具备了拥有良好心态的能力。大学生只有树立积极的心态，面对纷繁复杂的当代社会仍能保持自己乐观向上的态度，才有利于思想教育工作的进行，才能正确认识思想教育工作的作用，从而增强对思想教育工作的认同感。

大学生是思想教育过程中的受教育者，但是他们作为当今时代的希

---

① 申海玲.建立良好的人际关系促进大学生心理健康［J］.华北工学院学报（社会科学版），2000（3）：48—50.

望不能仅以受教育者的姿态存在。首先,大学生是祖国的未来,要持续好学不倦,莫要等到"白首方悔读书迟"。其次,大学生作为民族的希望要不畏困难,坚信"长风破浪会有时"。最后,大学生是中国特色社会主义事业的建设者和接班人,要不断加强自身专业知识和技能学习,在汲取思想教育知识的同时也要注重自身的修养,既要主动学习又要积极实践。当前,国际社会中意识形态较量的难度已经远远超出我们的想象,我国是世界上最大的发展中国家,虽然我国已在2020年全面建成小康社会,但是经济实力仍有很大上升空间,因此我们国家的思想教育工作不能仅仅依靠国家、社会、学校进行。大学生在高校学习的过程中要主动学习思想政治教育方面的知识,因为这不仅是一门知识,更是武装我们思想的重要武器。如果我们连自己的思想都被外来思想统治,那么我们的思想教育工作就会形同虚设,有沦为资本主义国家思想附庸的风险。新媒体时代的到来给全世界带来发展契机,我国高校的意识形态建设也需要这样的契机,大学生对新媒体的认可是思想教育工作的新收获,作为大学生一定要帮助国家在思想领域铸起一道坚固的防线,阻止外来思想的恶意破坏。

结 论

新媒体的到来为高校的思想建设提供了机遇,同时也带来了挑战,高校对新媒体的认知在不断地深化,对思想建设更加重视。当前,各种各样的思想教育工作宣传网站开始建立,对于马克思主义理论的宣传也在进一步扩展,促进了马克思主义理论在校园内的传播。高校思想建设抓住了互联网发展的好时机,为思想教育工作提供了更加广阔的空间。当前,我国对于思想教育工作的研究仍处于起步阶段,对思想教育工作相关理论的研究并不深入,理论体系还需要不断完善,因此,我国的思想教育工作还有很长的路要走。目前,我国高校的思想教育工作理论建设仍存在很多不足之处,马克思说过,"事物的发展是前进性和曲折性的统一",我国思想教育工作的发展一定会伴随着许多困难,但我们要相信未来的道路一定是光明的,只要坚持与时俱进的原则,积极吸收外来思想的优秀部分,摒弃外来思想糟粕,注意掌握科学方法,顺应发展规律,就会取得成功。

新媒体时代的思想建设刚刚起步,我们虽取得了一些成果,但仍有很大的提升空间,高校思想教育工作的内容、方式、教育理念与现代工具的结合还存在一定的矛盾,教育理念仍处于转型阶段,教育方法有待进一步完善。新媒体时代的思想教育工作建设注定是一个充满曲折的过程,我们要注意现实社会与虚拟社会的关系,思想教育工作的开展需要二者的共同推进和良性互动,在推动两者同步向前的同时也要帮助学生分清虚拟和现实。大学生在接受思想教育过程中要保持理性的思维,改变传统受教育者的姿态,主动学习马克思主义理论,接受社会主义核心价值观的熏陶。高校意识形态建设的成功不是一朝一夕的事,大学生的思想问题也不是由单个个体就能完成的,需要几代思想教育工作者和受教育者的共同努力。因此,我们要始终保持清醒的头脑,树立积极的心态,紧紧抓住机遇,积极面对挑战。

我们始终相信,在党的领导下,在政府部门的积极参与下,在高校思想教育工作者的努力下,在大学生勤奋好学的环境下,高校思想教育工作的道路一定会越走越宽,大学生的意识形态教育一定会取得成功!

参考文献

一、中文参考文献

1. 段鹏.政治传播：历史、发展与外延［M］.北京：中国传媒大学出版社，2011.

2. 樊浩，等.中国大众意识形态报告［M］.北京：中国社会科学出版社，2012.

3. 宫承波.新媒体概论［M］.北京：中国广播电视出版社，2009.

4. 侯惠勤.马克思的意识形态批判与当代中国［M］.北京：中国社会科学出版社，2010.

5. 靳玉乐，等.中国新时期教学论的进展［M］.重庆：重庆出版社，2001.

6. 江泽民.江泽民文选：第2卷［M］.北京：人民出版社，2006.

7. 江泽民.江泽民文选：第3卷［M］.北京：人民出版社，2006.

8. 郭明飞.网络发展与我国意识形态安全［M］.北京：中国社会科学出版社，2009.

9. 郭庆光.传播学教程［M］.北京：中国人民大学出版社，2003.

10. 蒋宏，徐剑.新媒体导论［M］.上海：上海交通大学出版社，

2006.

11. 李元书.政治体系中的信息沟通：政治传播学的分析视角［M］.郑州：河南人民出版社，2005.

12. 李小华.中国安全观分析（1982—2007）［M］.上海：上海人民出版社，2008.

13. 李永刚.我们的防火墙：网络时代的表达与监管［M］.桂林：广西师范大学出版社，2009.

14. 刘华蓉.大众传媒与政治［M］.北京：北京大学出版社，2001.

15. 刘允正，等.裂变与整合：大学生价值观的多样化趋势与高校思想政治教育工作创新体系研究［M］.北京：光明日报出版社，2009.

16. 马克思，恩格斯.马克思恩格斯选集：第1卷［M］.北京：人民出版社，1995.

17. 马克思，恩格斯.马克思恩格斯选集：第2卷［M］.北京：人民出版社，1995.

18. 马克思，恩格斯.马克思恩格斯选集：第3卷［M］.北京：人民出版社，1995.

19. 马克思，恩格斯.马克思恩格斯选集：第4卷［M］.北京：人民出版社，1995.

20. 马克思，恩格斯.马克思恩格斯文集：第8卷［M］.北京：人民出版社，2009.

21. 毛泽东.毛泽东选集：第2卷［M］.北京：人民出版社，1991.

22. 毛泽东.毛泽东文集：第8卷［M］.北京：人民出版社，1999.

23. 彭兰.网络传播概论［M］.北京：中国人民大学出版社，2001.

24. 邵培仁.政治传播学［M］.南京：江苏人民出版社，1991.

25. 石国亮.青年国际政治研究的新范式：意识形态视野中的青年和青年组织［M］.北京：人民出版社，2007.

26. 石中英.论国家文化安全［J］.北京师范大学学报（社会科学

版），2004.

27. 宋惠昌．当代意识形态研究［M］．北京：中共中央党校出版社，1993.

28. 陶文钊，陈永祥．中美文化交流论文集［C］．北京：中国社会科学出版社，1999.

29. 童世骏．意识形态新论［M］．上海：上海人民出版社，2006.

30. 王永贵．经济全球化与社会主义意识形态建设研究［M］．北京：人民出版社，2005.

31. 王永贵，等．马克思主义意识形态理论与当代中国实践研究［M］．北京：人民出版社，2013.

32. 王缉思．美国意识形态的新趋势［M］//中国社会科学院美国研究所．美国年鉴2000.北京：中国社会科学出版社，2000.

33. 王学俭．新媒体与高校思想政治教育［M］．北京：人民出版社，2012.

34. 吴怀友．全球化与中国共产党执政能力建设研究［M］．北京：中共中央党校出版社，2007.

35. 习近平．习近平谈治国理政［M］．北京：外文出版社，2014.

36. 习近平．习近平谈治国理政（二）［M］．北京：外文出版社，2018.

37. 习近平．习近平谈治国理政（三）［M］．北京：外文出版社，2020.

38. 习近平．决胜全面建成小康社会　夺取新时代中国特色社会主义伟大胜利［M］．北京：人民出版社，2017.

39. 夏保成．国家安全论［M］．长春：长春出版社，1999.

40. 谢岳．当代中国政治沟通［M］．上海：上海人民出版社，2006.

41. 季正矩，王瑾．国家至要：当代国家政治安全新论［M］．重庆：重庆出版社，2006.

42. 徐海波.意识形态与大众文化［M］.北京：人民出版社，2009.

43. 杨继红.谁是新媒体［M］.北京：清华大学出版社，2008.

44. 杨继红.新媒体生存［M］.北京：清华大学出版社，2008.

45. 俞吾金.意识形态论［M］.上海：上海人民出版社，1993.

46. 张晓峰，赵鸿燕.政治传播研究：理论、载体、形态、符号［M］.北京：中国传媒大学出版社，2011.

47. 张耀灿，郑永廷，吴潜涛.现代思想政治教育学［M］.北京：人民出版社，2006.

48. 郑永廷.社会主义意识形态发展研究［M］.北京：人民出版社，2003.

49. 周鸿铎.政治传播学概论［M］.北京：中国纺织出版社，2005.

50. 中共中央文献研究室.十六大以来重要文献选编（中）［G］.北京：中央文献出版社，2006.

51. CMI校园营销研究院.90后的数字生活［M］.北京：机械工业出版社，2012.

二、外文参考文献

1. 托夫勒.权利的转移［M］.北京：中信出版社，2006.

2. 柯尔施.马克思主义与哲学［M］.重庆：重庆出版社，1989.

3. 阿尔都塞.保卫马克思［M］.北京：商务印书馆，1984.

4. 马特拉.世界传播和文化霸权［M］.北京：中央编译出版社，2005.

5. 曼海姆.意识形态与乌托邦［M］.黎鸣，译.北京：华夏出版社，2001.

6. 菲德勒，奥托·苏格尔，等.辩证唯物主义和历史唯物主义［M］.郑伊倩，等，译.北京：求实出版社，1985.

7.阿尔蒙德，维马.公民文化：五个国家的政治态度和民主制［M］.徐湘林，等，译.北京：东方出版社，2008.

8.阿尔蒙德，鲍威尔.比较政治学：体系、过程和政策［M］.曹沛霖，等，译.北京：东方出版社，2007.

9.马丁，特舒曼.全球化陷阱：对民主和福利的进攻［M］.张世鹏，译.北京：中央编译出版社，2001.

10.卢卡奇.历史与阶级意识［M］.沈根，毛怡红，译.北京：商务印书馆，1992.

11.汤普森.意识形态与现代文化［M］.南京：译林出版社，2005.

12.布热津斯基.大失控与大混乱［M］.潘嘉玢，刘瑞祥，译.北京：中国社会科学出版社，1995.

13.卢旺.地方本科院校服务地方机制创新研究［M］.北京：中国经济出版社，2019.

索 引

B

"把关人" ……………………… 025

D

大学生思想教育 ……………… 002
多梯度 …………………………… 096

F

反馈平台 ………………………… 081
服务理念导向 …………………… 045

J

交流平台 ………………………… 037
教学思维 ………………………… 070
教学质量 ………………………… 064

K

开放理念导向 …………………… 044

控制舆论 ………………………… 041

L

立体互动平台 …………………… 094

P

平等理念导向 …………………… 043

Q

去中心化 ………………………… 008

S

时空性 …………………………… 012
受众 ……………………………… 022
碎片化 …………………………… 034

W

网络传播 ………………………… 001

网络道德 …………………… 168
网络文化 …………………… 017
网络营销 …………………… 062
网络意识 …………………… 080
危机传播 …………………… 054

X

新媒体 ……………………… 001
新媒体舆论 ………………… 088
宣传平台 …………………… 064

Y

意识形态 …………………… 001
舆论引导 …………………… 017
"雨课堂" …………………… 070

Z

"指尖决策" ………………… 138
主流思想 …………………… 002
自主性 ……………………… 011

后 记

本书是在周琴芳承担的校级思政项目"新媒体时代下政治传播中大学生意识形态安全教育研究"结题成果的基础上，经过反复思考和认真修改完成的著作。

随着新时代的到来和新媒体的迅速发展，大学生思想教育工作不仅迎来了前所未有的机遇，也面临着非常严峻的挑战。本书内容紧扣思想教育主线，围绕大学生思想教育工作，从加强大学生理想信念教育、网络素质教育、舆论引导能力及自我教育等，营造和谐的网络文化环境，培养德智体全面发展的高素质人才和社会主义可靠的接班人等方面寻找对策，对于固本、铸魂的战略工程具有十分重要的意义。

本书由周琴芳确立研究思路，设计写作框架并拟定写作提纲。本书绪论部分由周琴芳、晏妮共同撰写，晏妮承担第一、第三章的撰写任务，周琴芳承担第二、第四章的撰写任务，周琴芳、晏妮各自撰写10万字。本书在写作和出版过程中得到了黎贵优院长、苏丽杰教授的关心和支持。黄健锐、陈曦、杞鹏翔、白彦梁、曲彦和石绕慧也为本书付出了辛勤的劳动。本书在写作过程中参考和引用了大量国内外同行的研究成果，在这里一并向学者们表示感谢！